| 서인석 9집 |

# 바람은 문득 안부를 묻는다

도서출판
한림토화

님께

함께 있으면 좋은 사람에게 이 책을 드립니다.

늘 건강하시고 행복하세요.

드림

날짜 :        년     월     일

\* **책을 펴내면서**

우리는 살아가며 수없이 많은 안부를 묻고 또 받습니다. 하지만 그중 대부분은 형식이거나 습관이죠. 진심이 담긴 안부는 흔치 않습니다.
어느 날, 문득 불어온 바람이 마음을 두드렸습니다. 잊고 지낸 이름들, 말하지 못한 마음들, 지나간 시간의 풍경들이 그 바람을 타고 다가왔습니다.

그리움과 기다림, 때로는 외로움과 다정함이 어우러진 순간들을 시로 담아 보았습니다. 바람처럼 조용히 다가가 누군가의 안부를 묻고, 조용히 곁에 머무는 말들이 되었으면 합니다.

이 시집은 일상 속 문득 떠오른 마음의 결들을 모은 작은 기록입니다. 당신의 하루에 스며들어, 잠시 멈추어 쉬어가는 바람이 되기를 소망합니다.

이 글들을 써 내려가던 순간들은 모두 어떤 마음의 결이었습니다. 때로는 스스로를 위로하기 위한 기록이었고, 때로는 누군가의 마음에 닿기를 바라는 작은 기도였습니다. .

그래서 저는 이 책의 문장 하나하나가 당신에게 진심으로 닿기를, 당신의 어느 하루에 살며시 말을 걸기를 바랍니다.
'괜찮니? 잘 지내고 있니?'
이 한 권의 책이 그렇게 문득 당신의 곁을 스쳐가며 조용히 안부를 묻는 바람이 되었으면 좋겠습니다. 읽어주셔서 고맙습니다. 당신의 마음에도 평안한 바람이 머물기를 기도합니다.

바람이 문득
당신의 안부를 물었습니다.
그 물음에 마음 하나 적어
이 시집을 엽니다.
스쳐가는 순간들 속
머물고 싶던 말들을
조용히 눌러 담았습니다.
이 조용한 바람이
당신의 하루에
작은 쉼이 되기를 바랍니다.

2025년 11월
원평 서인석 작가

## 1부 바람처럼 가는 길

철쭉의 화음 ·················· 14
구슬비 ························ 15
인생길 ························ 16
푸른 깃발 아래 ·············· 17
아카시아의 숨결 ············ 18
라일락 향기를 품고 ········· 19
별똥별이 내리는 밤의 다리 ··· 20
숲의 북소리 ·················· 21
그늘 아래 선 촛불 ··········· 22
복사꽃 순정 ·················· 23
바람처럼 가는 길 ············ 24
역사의 숨결, 문경새재 ······ 25
가는 세월아, 머물러다오 ··· 26
지나 가버린 청춘 ············ 27
세월의 강 ···················· 28
홍익인간 ····················· 29
구원 ·························· 30
하수구 같은 인생 ············ 31
흐르는 대로 ·················· 32
부질없는 인생 ··············· 33
빈 수레의 진혼 ··············· 34
적막의 기슭에 불붙은 깃발 ··· 36
떠오르는 태양 아래 ········· 38
정월대보름의 밤 ············· 39
어머니의 세월 ··············· 40

## 2부 세월의 무게

직지의 숨결 ················· 42
나는 구름 위로 걸었다 ········· 43
베푸는 손길 ················· 44
삶의 애환 ··················· 45
삶은 아름다웠다 ·············· 46
세월의 무게 ················· 47
이름 없는 풀꽃으로 살리라 ····· 48
유랑의 뱃사공 ··············· 49
희망의 불빛 ················· 50
화합과 희망의 등불 ··········· 51
바람처럼 ···················· 52
나그네의 설움 ··············· 53
희망의 불씨 ················· 54
삶의 그림자 ················· 55
517 얼룩진 계엄선포 ·········· 56
삶의 영혼 ··················· 58
어리석은 자여 ··············· 59
오늘의 기도 I ··············· 60
흐르는 물길처럼 ············· 61
밤의 기도 ··················· 62
오늘의 기도 II ·············· 63
노년의 사랑 ················· 64
똥장군 ····················· 65
가는 세월 I ················· 66
뜬구름의 여정 ··············· 68

## 3부 삶의 그림자

파도의 속삭임 ……………………………… 70
보릿고개 …………………………………… 71
불멸의 이순신 ……………………………… 72
한마음으로 피어나는 시 …………………… 74
삶이란 ……………………………………… 75
삶은 어두운 그늘과 같다 …………………… 76
꽃지해수욕장 ……………………………… 77
소낙비 ……………………………………… 78
가는 세월 II ………………………………… 79
술잔의 위로 ………………………………… 80
하나님의 은혜의 향기 ……………………… 81
풍경 너머의 설문(設問) …………………… 82
그대 머무는 곳에 …………………………… 83
초여름 ……………………………………… 84
봄 처녀 ……………………………………… 85
오월의 장미 ………………………………… 86
봄 마중 ……………………………………… 87
자연의 섭리 ………………………………… 88
봄의 서막 …………………………………… 89
삼짇날, 산보 하러 가세 …………………… 90
꽃샘추위 …………………………………… 91
봄비 ………………………………………… 92
봄의 노래 …………………………………… 93
봄의 속삭임 ………………………………… 94
보리밭의 노래 ……………………………… 95
마지막 겨울 ………………………………… 96

## 4부 지나간 시간들은

높으신 은혜의 향기 …………………………… 98
꽃속의 여인 …………………………………… 99
인연 I ………………………………………… 100
그리움의 그림자 ……………………………… 102
그대 기다리며 ………………………………… 103
동백꽃의 속삭임 ……………………………… 104
인연 II ………………………………………… 105
그리움의 그림자 ……………………………… 106
설야(雪夜) I …………………………………… 107
첫눈의 속삭임 ………………………………… 108
겨울의 숨결 …………………………………… 110
초겨울 ………………………………………… 111
빛으로 오신 분 ………………………………… 112
초겨울의 풍경 ………………………………… 114
인생사 다홍치마 ……………………………… 115
세월 따라가는 인생길 ………………………… 116
가을, 그대의 기억 …………………………… 117
계절은 마음으로 느끼는 것 …………………… 118
길 잃은 구름의 향연 ………………………… 120
단풍보다 빠른 내 텐션 ……………………… 121
그리움의 계절 ………………………………… 122
가을의 속삭임 ………………………………… 123
가을에 사랑할 거야 …………………………… 124

## 5부 그리움의 계절

구들장 ……………………………………… 126
눈꽃 ………………………………………… 127
보리밭 사잇길로 ………………………… 128
강추위 기승 ……………………………… 130
설야(雪夜)Ⅱ ……………………………… 131
흰 눈으로 덮인 세상 …………………… 132
눈꽃 ………………………………………… 133
하얀 눈이 내리면 ………………………… 134
흰 눈이 내리는 날 ……………………… 135
내 고향 충청도 …………………………… 136
가을의 연가 ……………………………… 137
고향의 그리움 …………………………… 138
겨울꽃 ……………………………………… 139
겨울에 사랑할래요 ……………………… 140
늦가을의 향기 …………………………… 141
가을밤의 속삭임 ………………………… 142
가을아, 천천히 가려무나 ……………… 143
아버지의 어깨 …………………………… 144
늦가을의 기억 …………………………… 145
가을의 소리 ……………………………… 146
낙엽의 춤 ………………………………… 147
가을의 노래 ……………………………… 148
아직 끝나지 않은 사랑 ………………… 149
그리운 사람아 …………………………… 150

그리운 여인 ················· 152
가을이 오면 ················· 153
그리운 임아 ················· 154
가을의 풍경 ················· 155
지나간 시간들은 ················· 156
시골 장터 ················· 158
내 마음의 온도 ················· 159
새벽의 문장 ················· 160
달구지의 귀항(歸航) ················· 161
미완의 자화상 ················· 162
해묵은 바다의 그릇 ················· 163
분홍 상사화 ················· 164
마음의 꽃 ················· 165

1부
바람처럼 가는 길

## 철쭉의 화음

붉은 혀를 삼킨 산비탈은
오래된 여인의 설화처럼
붉디붉은 회상을 풀어내고,

비단결 주름진 바람은
상고대의 허리춤을 스치듯
분홍의 심장을 번져 놓는다.

사뿐히 터지는 발끝의 선율
그 춤은 누에고치의 실타래처럼
시간을 감고 푼다.

잎새는 짓궂은 광대처럼
하늘에 웃음 터뜨리고
철쭉은 오늘을 찢어
봄의 진혼가를 피워 올린다.

## 구슬비

하늘의 누이들이
비단 옷자락을 풀어
은실을 엮듯 대지 위로 내립니다.

잠든 흙은 은밀한 속삭임에
깊은 꿈을 적시고,
꽃망울은 물의 입맞춤에 눈을 뜨며
비로소 자색 치장을 시작합니다.

잎새마다 맺힌 맑은 구슬은
천상의 진주가 내려앉은 듯,
세상은 고요 속에
물빛 설화를 피워냅니다.

## 인생길

조용히 아침이 열린다
희미한 안개 속, 작은 발자국 하나
누군가 먼저 걸었던 흔적 위에
나의 첫 걸음을 포개 본다.

길은 말이 없다
어디쯤 고운 햇살이 기다리는지
어디쯤 비바람이 막아설는지
묻지 않아도 끝없이 걷게 한다.

때로는 꽃길이었고
때로는 돌부리 가득한 고개였으며
뒤돌아보면, 눈물도 웃음도 다 길이었다.

누구는 빨리 걷고
누구는 잠시 멈추며
나는 나대로의 속도로
하늘을 바라보며 걷는다.

끝이 어딜지 몰라도
이 길을 걷는 동안
나를 만나고, 너를 만나고
그래서 살아간다는 것.

## 푸른 깃발 아래

바람은 오랜 잠에서 깨어났다
거짓의 먼지를 털어낸 하늘은
푸른 깃발 하나를 조심스레 들어 올렸다

그 깃발은 바다의 척도였고
숲의 양심이었다
속삭임처럼 흔들릴 때마다
진실은 흙 속에서 뿌리를 되찾았다

그날, 새 시대의 학이 알을 깨고 나왔다
깃털은 서릿발 같았고
눈동자엔 천 년의 기다림이 번졌다
그 학은 공중을 찢지 않았다

바람을 따라, 정의의 등줄기를 타고
고요히 떠올랐다
그의 날갯짓은 선거가 아니었고,
약속이 아니었다

그건 오래된 어둠을 걷어내는 의식,
바른 정치를 위한
공정의 제단에 바치는 맑은 울음이었다

푸른 깃발은 이제 누구의 손에도 들리지 않지만
그 아래선 민심이 자라고,
진실은 그림자 없이 걷는다

## 아카시아의 숨결

너는 마치,
비 내린 뒤 첫 새벽을 깨우는
하얀 안개 속 향기였다.

그 고요한 숨결은
잎새 하나 흔들지 않고
내 마음 깊숙한 곳까지 스며들었지.

아카시아의 향이 그렇듯,
너의 존재는 보이지 않아도
온 세상이 너로 채워졌다.

나는 그때 알았다.
눈으로 보이지 않는 것이
가장 진하게 남는다는 걸.

네 향기로움은,
한 줌 바람을 닮아
나를 이끌고, 감싸고, 사라졌지만

그 아름다움만은
내 기억의 숲에
영원히 피어 있었다.

## 라일락 향기를 품고

은밀히 피어난 너의 속삭임은
바람의 심장에 문신처럼 새겨진다
너는 시간을 모르는 자
잎맥을 타고 흐르는 숨결은
오래전 별빛의 파편이었으니
피어남이란,
무언가를 태우는 일이라 했던가
그리하여 너는 향기를 지펴
한 겹, 또 한 겹, 세상의 침묵을 불사른다
꽃잎이란 이름의 작은 화로여,
너의 한숨은 비유가 되고
그 비유는 다시 아침을 번역한다
그리하여 우리는
라일락의 은유 속에서
잠시 인간을 잊는다

## 별똥별이 내리는 밤의 다리

고요한 강 위
달빛보다 먼저 도착한 너의 발소리
손끝으로 만지는 별의 그림자
우리는 다리 위에서 시간을 잊는다.

말하지 않아도 알 수 있는 마음처럼
한 줄기 빛이 어둠을 가르고 흐른다
별똥별 하나 떨어질 때마다
간절한 소원이 발밑을 스친다.

밤은 깊어가고
다리는 여전히 그 자리에 있는데
우리는 서로의 눈 속에서
또 하나의 별을 바라본다.

## 숲의 북소리

깊은 숲 고요한 아침,
햇살이 이슬을 깨우면
어디선가 들려오는 딱, 딱, 딱
나무의 심장 두드리는 소리.

꼿꼿이 선 고목 위,
붉은 갓 쓴 작은 장인,
날카로운 부리 하나로
시간을 조각한다.

그 소리는 메아리가 되어
산을 깨우고 바람에 실려
지나온 계절들을 흔든다.

딱따구리여,
너는 숲의 시인인가,
아니면 고요 속 진실을 파내는
작은 사서인가.

## 그늘 아래 선 촛불

바람은 검은 비단을 걸치고
무명(無名)의 별들 위를 지난다
그날, 산맥은 어깨를 낮췄고
시간은 핏빛 호수로 잠겼다

이름 없는 돌 하나
그 위에 핀 작은 국화는
백 년의 묵언을 삼킨다
피로 새긴 경계 너머
노을은 검은 깃발을 접고
진혼의 나팔을 삼킨다

어머니여,
그대의 생은 총검에 찔렸고
그대의 품은, 전장을 적신 비였다
이 나라는 당신의 젊음을 연료 삼아
달리는 익명의 전차

그 바퀴 밑에 피 묻은 편지들이
구겨진 별처럼 흩어진다
6월은 달이 아니다
묵시다. 한 자루 촛불이
바람 속에서 울음을 참듯
우리는 그 무거운 침묵을 기억해야 한다

## 복사꽃 순정

봄바람 한 자락 타고
그대 이름 피어날 때,
복사꽃 가지마다
첫 마음이 물들었네.

붉지도 않고 분홍도 아닌
그대 웃음 닮은 빛
햇살 아래 수줍게 피어나
내 마음 오래 흔들었지.

그대를 향한 내 마음은
저 꽃잎처럼 가벼우나
질 줄 모르는 순정 하나
가지 끝에 오래 머물렀네.

계절은 가고 꽃은 지지만
내 안의 봄은 그대라서
매해 이 맘때쯤이면
또다시 복사꽃이 피어난다.

## 바람처럼 가는 길

바람아 불어라
낡은 어깨 위로 지나가며
묵은 짐 하나쯤
훔쳐 가다오

산을 넘는 구름처럼
나는 인생을 옮겨 다닌다
허공에 매단 시간의 자루를
바람처럼 이고 간다

때로는 순풍,
때로는 역풍
삶이란 바람이 끄는 수레 아니던가
보이지 않아도 끌고 가는 힘이 있다

지치면 나도
풀잎처럼 눕고 싶다
그러다 다시 일어나
바람 따라 걸어간다

바람아 불어라
어디쯤 멈출지는 몰라도
이 짐 끝에
내 이름 한 줌 남기리니

## 역사의 숨결, 문경새재

돌빛 흘러 선혈의 시간 밟는 길
문경의 협곡은 잊힌 노인의 숨결이니
바람은 옛 장정의 숨을 짊어지고
피로 새긴 문장의 궤적이 흐른다.

산맥은 무심히 허리를 굽히고
그 틈새를 파고든 길은
옛날 전령의 북소리처럼 울려
등짐 진 고개마다 굴곡진 역사이다.

초록이 무성한 숲의 뿌리 깊은 길은
침묵 속에 목청 높인 조상의 함성을 품고
휘파람 같은 솔바람조차 경건히 숨죽이니
지나온 세월이 돌을 품고 누운 사색이다.

문경새재여, 너는 시간의 숨을 들이쉰 채
한 시대의 무게를 짊어진 역사의 어깨
짐승도 숨 고르다 돌아보던 옛길에서
우리는 잊힌 피와 땀의 온기를 느낀다.

## 가는 세월아, 머물러다오

가는 세월아,
바람처럼 스치지 말고
이 마음 한켠에 앉아
잠시만 쉬어가다오.

쏜살같이 흐르는 강물 위에
못다 한 꿈을 띄웠거늘
아직 닿지 못한 저 언덕에
그리움마저 젖어가네.

오는 세월, 너를 막지 않으마
가는 세월, 너를 잡지 않으마
다만, 너의 발걸음 속에
내 한숨을 실어 보내노라.

천천히 가려므나, 세월아
아직 남은 노을 아래
이루지 못한 일들이 많으니
가는 세월아, 이대로 머물러다오

## 지나 가버린 청춘

눈물이 난다
어느덧 저만치 흘러간 세월
봄날의 꽃잎처럼
나의 청춘도 바람에 흩어졌다.

한때는 찬란했던 햇살 아래
웃음 짓던 얼굴이 있었고
꿈을 안고 달리던 길 위엔
희망의 향기가 가득했었다.

이제는 바람이 스치기만 해도
그리움이 피어나고
손끝에 스며든 기억마저
저물어 가는 노을빛에 물든다.

하지만, 떨어진 꽃잎도
흙이 되어 새로운 꽃을 피우리라.
내 청춘은 아직 사라지지 않았으니
또 다른 봄을 기다려본다.

## 세월의 강

푸른 강물 위로 떠가는 조각배처럼
청춘은 어느새 저 멀리 흘러가고
나뭇가지에 매달린 낙엽처럼
몸은 서서히 바람에 흔들린다.

거울 속 내 모습은 한때는 봄이었고
이제는 겨울의 첫눈이 내려앉았구나.
마음은 아직도 푸른 들판을 달리건만,
다리는 마치 낡은 다리처럼 삐걱인다.

시간은 모래시계 속 모래알처럼
멈출 새 없이 아래로 흘러가고
내 손에 쥐려 해도 바람 같은 세월이여,
너를 잡을 길이 없어 안타깝구나.

하지만, 낡은 나무에도 꽃은 피고
추운 겨울 끝엔 봄이 오듯,
이 마음에도 따스한 햇살이 내려
남은 날들을 아름답게 비추었으면 좋겠다.

## 홍익인간

해는 온 세상을 감싸 안고
어둠마저 품어 따스히 밝히나니,
그 빛 아래 피는 꽃들도
서로를 위해 향기를 나누네.

강물은 높은 산 정기를 품고
낮은 곳으로 흐르며 길을 내리니
그 물에 기대어 뿌리내린 나무가
온 누리에 그늘을 드리운다.

사람 또한 그러하리,
자신의 빛을 아낌없이 나누고
우리 모두 한 줄기 햇살이 되어
세상을 밝히는 홍익의 길을 가리.

## 구원

깊은 밤, 길을 잃은 나그네.
사방은 어둠, 발길은 흔들리고
저 멀리 작은 등불 하나
희미하게 나를 부른다.

거친 바람, 높은 파도
세상은 나를 삼키려 하고
두려움 속에 주저앉을 때
그 빛이 속삭인다.

"이리 오라, 너를 기다리노라."
한 걸음, 빛을 향해 나아가고
손을 뻗자 따스한 손길은
나를 감싸 안으시네.

어둠은 사라지고 새벽이 열리고
그 빛 안에 나는 살아나고
길을 잃은 나그네였으나
이제는 영원한 집을 찾았네.

## 하수구 같은 인생

세상은 위에서 아래로 흘러간다.
누군가는 찬란한 빛을 받으며 흐르고
누군가는 보이지 않는 어둠 속을 돈다.
하수구 같은 인생이다.
더럽고 불순한 것들이 몰려들어 쌓이는 곳.
버려진 것들이 마지막으로 머무는 자리
어디선가 쏟아진 눈물과 한숨이
나를 타고 내려와 어느 정거장에 고인다.
가끔은 방향을 잡지 못해 막히기도 한다.
썩어 문드러진 꿈과 희망이 엉겨 붙어
숨 쉬는 것조차 버겁다.
하지만, 이대로 멈출 수는 없다.
밀려오는 삶의 잔해들을
어떻게든 큰 강가로 흘려보내야 하니까.
비가 오면 한동안 넘쳐 흐르지만,
결국엔 다시 제자리로 돌아온다.
세상은 하수구를 더럽다며 피하지만,
정작 그 더러운 것들을 받아주는 건
나 자신 뿐이다.
그래도 하수구 같은 인생 일지라도 괜찮다.
나는 늘 아래로 흐르지만,
어느 날은 바다에 닿을지도 모르니까.

## 흐르는 대로

바람이 불면
나는 그 길을 따라 걸으리라.
구름이 흐르면
나는 그 자락을 잡고 머물리라.
욕심 없는 바람처럼
미련 없는 구름처럼
나는 흘러가리라,
가는 길이 어디든지.
어둠이 밀려와도
그 밤마저 품으리라.
깊은 늪이 삼키려 해도
그 속에서 춤추리라.
구름도 바람도
잡지 못할 뜬구름이라면
나도 그러하리라,
하늘 끝까지 자유롭게 살다보면
어두운 그늘이 사라지리라.

## 부질없는 인생

여보게 친구여
일평생 살아봐야
한낱 바람 같은 것을
기뻐한들 무슨 소용이며
슬퍼한들 무슨 이익인가,

그럭저럭 살다가 가면, 그만이지
욕심부려 움켜쥐어도
손끝 새어 나가는 모래알
결국, 빈손으로 가는 것을,

높은 집, 넓은 땅이
무덤보다 클 수 없고
가진 것 많다 한들
들고 갈 짐 하나 없소..

여보게 친구여
다 내려놓고 살다 가세
웃으며 가는 길이
가장 가벼운 길이 아닌가,

## 빈 수레의 진혼

쇠이음의 관절로 구겨진 하루가
덜컹이며 언덕을 기어오른다.
나는 비어 있다
속을 비운 채 울리는 소리뿐.

무게는 없건만
세상은 내게 납덩이로 기대고
속절없이 밀려오는 요구들 속에
나는 종잇장보다 얇은 의미로 접힌다.

사람들은 말한다,
소리 큰 것이 속은 빈 법이라며
지나가며 웃는다.
그 말조차 내 쇠심줄을 삭게 한다.

내 마음은 빈 수레,
채우려 해도 넘치지 않고
비우려 해도 울림이 사라지지 않는다.
허공과 맞닿은 존재의 껍데기.

풍경은 나를 비껴가고
시간은 날 피워 태운다.

나는 달린다. 목적 없이
덜컹임으로 존재를 증명하며.

바퀴 하나 빠져도
누군가 대신 끌어줄 리 없고
멈추면 짐짝처럼 치워질 뿐,
나는 그저, 소음으로 산다.

## 적막의 기슭에 불붙은 깃발

시간은 무릎을 꿇고
종잇장처럼 얇은 하늘을 접고
잿빛 날개를 단 바람은
철모의 그림자를 주워
적막한 계절의 가슴에 묻는다.

붉은 것은 꽃이 아니었고
터지는 햇살도 아니고
피는 시간의 목젖에서 솟구친다.

잊힌 이름들의 호명,
침묵보다 무거운 울림으로
저 거꾸로 매달린 해시계는
오전을 향해 울지 않는다.

땅속의 심장은 계속 뛰고
기억은 무덤에 뿌리 내려
검은 나무가 되었고
금이 간 대지 위에서
그들은 숫자가 아니었다.

불붙은 깃발 아래의 그림자였고
총구의 꽃이었으며

돌의 잠 속에서
영원을 베개 삼아 눕는다.

그러니 오늘,
우리는 한 줌의 바람이 되어
기억의 언덕을 기어오르자
바람이 스치면,
무릎 꿇은 하늘도 다시 선다.

## 떠오르는 태양 아래

동녘 하늘에 붉은 불꽃이 피어나면
오늘도 나의 생이 새벽 안개를 헤치고 솟아난다.
어제의 그림자를 밟으며 걷는 오늘,
오늘의 발자국 위에 내려앉을 내일.
쉴 새 없이 도는 물레바퀴처럼
하루가 흐르고 또 흐르지만,
삶이란 무엇일까.
어떻게 살아야 푸른 들꽃처럼 웃을 수 있을까.
햇살이 따스한 아침이면
내 마음도 꽃잎처럼 피어날 수 있을까.
흩날리는 바람 속에서
나뭇잎처럼 가볍게 춤출 수 있을까.
반복되는 날들 속에서도
내 안의 작은 불씨를 살피며
태양처럼 타오르는 삶을 꿈꿔본다.

## 정월대보름의 밤

은빛 달이 가득 찬 밤,
고요한 하늘에 별이 춤추고
바람결 따라 퍼지는 소망
달빛 아래 마음을 엮는다.

오곡밥에 정성 담아
한 해의 건강을 기원하고
귀밝이술 한 모금에
새로운 희망을 속삭인다.

쥐불놀이 불꽃 피고
달집 속엔 지난날을 태우고
환한 달빛이 비춰주니
우리의 내일도 환하리라.

## 어머니의 세월

잠들지 않는 바느질의 혀가
달의 꿰맴 속을 기워낸다
시간은 실밥처럼 풀려나며
검버섯 같은 구름을 꿰맨다.

그녀의 등뼈는 계절의 고갯마루
눈발처럼 내리는 골절 사이
밥짓던 연기는 이제
흙 냄새로 말라붙은 기도다.

어머니는 매일 아침,
찢어진 햇살을 걸레 삼아 닦았다
부엌 찬장의 먼지는
태어난 지 백 년 된 별가루였고.

그녀의 주름마다
저녁노을이 말없이 잠겼다
울지도 못한 강물처럼
손등을 지나간 이름들이 있다.

나는 아직도 그녀의 발뒤꿈치에서
떨어진 시간을 주워 모은다
길 위에 묻힌 해묵은 탄식들이
그녀의 침묵으로 다시 피어난다.

2부
세월의 무게

## 직지의 숨결

손길이 닿지 않은 채
검은 잉크는 돌 위에 새겨지고
한지의 결 따라 지혜가 흐르고
시간을 거슬러 울리는 고요한 맥박
금속 활자 하나하나가 품은 천 년의 목소리.

흥덕사의 무명의 장인들,
그 손끝에서 피어난 직지심체요절은
어둠 속에 향기로운 빛을 띄우고
천하의 이치를 담아내어
백성들의 손안에 내려앉았구나.

책장을 넘기면 들리는 바람소리
그 속에 숨어있는 지식의 향기
직지, 너는 묵묵히 그 자리에서
역사를 잉태한 작은 돌멩이
그러나 바다를 가르는 거대한 물결.

활자의 무게는 가벼웠지만,
그 속에 담긴 진리의 무게는 헤아릴 수 없고
잊혀진 이름들 속에 피어난 불멸의 직지여,
그 숨결은 우리의 가슴속에 새겨있다.

## 나는 구름 위로 걸었다

바람은 나를 안아주고
햇살은 내 그림자를 따라오며
푸른 하늘에 작은 물결을 그렸다.

발끝에 닿는 것은 솜처럼 부드럽고
한 걸음 내딛을 때마다
세상은 아래로 멀어졌다.

사람들은 먼지처럼 흩어지고
구름의 길 위에서 무게를 잃고
가벼운 꿈이 되었다.

어디로 가야 할지 몰라도
그저 흐름에 몸을 맡기고
새들은 날개로 노래를 그린다.

나는 구름 위로 걸으며
인생의 희로애락에 취하며
끝없는 자유를 배웠다.

## 베푸는 손길

베푼 손길은 바람처럼 가벼웠으리라
열정으로 건넨 말,
불씨 하나 전해주려는 마음도
결국은 허공에 스치우는가.
나의 정성은 강물 같았건만
그들의 침묵은 깊은 돌무덤 같구나.
움직이라, 빛을 좇으라,
그 말조차 그들에게는 들리지 않고
시기하고 질투하고
안갯속의 속삭임일 뿐.
다시는 무거운 씨앗을 들지 않으리.
다시는 헛된 밭에 물을 주지 않으리.
베푸는 자의 피곤함,
이제는 그들에게 돌아서리라.
가진 것 없는 들판에도
홀로 자랄 새벽 풀이 있으리니.
늘 처음처럼 예쁜 꽃들을 피우는
그들에게 나누어주고 사랑하리라.

## 삶의 애환

구름은 떠도는 법을 잊지 않으려
바람에 몸을 맡긴다.
강물은 흘러가는 법을 배우며
돌과 부딪히며 울음을 삼킨다.

사람도 그러하리.
넘어지고, 멈추고, 다시 걷는
길 위에서 삶을 배운다.

희망은 낮게 뜬 별처럼
닿을 듯 멀어지고,
고통은 발밑의 그림자처럼
지울 수 없이 따라온다.

그러나 꽃은 흙 속에서 피어나고
새벽은 어둠을 품고 온다.

삶의 애환은
눈물 속에 피어난 웃음이요,
고통 속에 숨겨진 기쁨이라.
오늘도 우리는
이 모순된 아름다움 속을 걷는다.

바람에 흔들리는 풀잎처럼
언젠가의 햇살을 기다리며.

## 삶은 아름다웠다


한 줄기 햇살이
새벽 창가를 두드리던 날들,
그 빛 속에 숨겨진 작은 온기가
내 마음을 깨우곤 했다.

바람은 늘 속삭였고
꽃잎은 춤을 추었으며
파도는 바위를 어루만지며
끝없는 이야기를 들려주었다.

어린 시절의 웃음소리
작은 손에 쥐었던 별빛 같은 꿈들,
서로를 바라보며
따스히 미소 짓던 순간이었다

고단한 날도 있었지만
그 속에 깃든 눈물조차
별이 되어 밤하늘을 수놓았고
모든 것은 지나가고 아름다웠다.

그 흔적은 영원히 빛나고
짧은 순간 속에서
삶은 결코 완벽하지 않았지만,
그렇기에 더욱 아름다웠다.

## 세월의 무게

세월은 또 이렇게 찾아오고
문지방을 넘는 바람처럼 조용히
그러나 그 무게는
어느새 어깨 위에 내려앉아
삶은 아름다워야 한다지만,
우리는 매일 길 위의 돌멩이를 주워들고
발끝에 스치는 그림자마저
무거운 짐이 되는 날이 있지
하늘은 여전히 푸르고
별은 밤마다 속삭이는데,
왜, 이 마음은 늘 어둠 속을 헤매는 걸까.
그래도, 어느 작은 꽃 한 송이가
길가에서 피어나듯,
우리의 삶도 어느 날 문득 빛날 거야
힘겨운 걸음마다 희망이 깃들고
시간은 상처 위에 새로운 숨결을 남기고
세월은 또 이렇게 왔지만,
그 안에서 다시 살아갈 이유를 찾아가겠지

## 이름없는 풀꽃으로 살리라

이름없는 풀꽃으로 살리라
바람에 흔들려도 꺾이지 않고
햇살 아래 조용히 빛나며
바람에 나부끼는 잡초처럼
땅끝까지 뿌리를 내리는 삶으로
이름없는 풀꽃으로 살리라.

오가는 발길 아래 숨죽이며
작은 생의 노래를 부를 뿐,
비가 오면 빗물을 품고
가뭄이 오면 메마른 대지에 버티며
이름을 묻지 않는 들판의 친구들과
함께 피고 함께 지리라.

누군가의 눈길 한 번 닿을 때
그 순간에야 비로소 알리라
이 작은 꽃잎에도 우주가 깃들어 있음을
그 이름 없는 삶이 얼마나 찬란한지,
이름없는 풀꽃으로 살리라.
작고도 강한 생명의 이름으로…

## 유랑의 뱃사공

어허라 뱃사공 간다
물결 따라 꿈을 싣고 간다.
굽이굽이 흐르는 강줄기
물결 따라 춤을 추고
산 넘어 또 산이라지만
그 너머엔 바람이 부르고
별빛이 길을 밝혀주네.

어디든 마음 닿는 곳이 고향.
유유히 떠나는 뱃사공,
강물에 발자취는 남기지 않고
하늘에 노래만 남기네.

어허라, 인생도 그러하리.
돌고 돌아, 다시 돌아올지라도
그 길 위의 순간들이
우리의 전부가 아니던가.
어허라, 오늘도 노 저어 가자.

## 희망의 불빛

어둠이 짙게 깔린 밤하늘 아래
숨죽인 채 기다리는 마음
그 속에서 작은 불씨 하나
흔들리며 피어오른다.

바람이 불어 꺼질 듯,
비가 내려 지워버릴 듯,
그러나 불씨는 사라지지 않고
더 밝게 더 뜨겁게 타오른다.

희망이란 그런 것
보이지 않아도 느껴지는 온기
닿지 않아도 이끄는 빛
작고 연약해 보여도
세상을 밝히는 힘을 품고 있다.

우리가 서로의 불빛이 될 때
캄캄한 길도 두렵지 않으리
그 작은 빛이 모여
하늘을 채우는 별이 되리라.

그러니 꺼지지 말아라,
희망의 불빛이여.
어둠 속에서 더욱 찬란히
우리의 내일을 비추어다오.

## 화합과 희망의 등불

신이여, 이 나라를 굽어살피소서.
어려운 경제의 파도 속에서
우리가 서로를 위로하며
한마음으로 뭉쳐 나아가게 하소서.

정치인들에게 지혜와 용기를 주시어
자신의 이익과 당파를 넘어
나라와 국민을 먼저 생각하고
화합과 희망의 등불이 되게 하소서.

혼란 속에서도 올바른 길을 제시하고
불안한 경제로 인한 분열과 갈등을 잠재우시고
시위와 대립이 아닌 대화와 협력으로
더 나은 내일이 되게 하소서.

우리 모두가 서로의 짐을 나누어지며
희망의 길을 함께 걷게 하시고
이 나라가 다시금 평안과 번영으로
나아가도록 신의 손길로 인도하소서.

## 바람처럼

바람처럼 떠도는 삶이여,
어디든 닿을 수 있는 날개를 달고
산 너머 강을 건너
끝없는 길 위에 내 몸을 맡긴다.

세월이 흘러가면
그저 흘러가는 대로
욕심 한 줌 쥐지 않고
텅 빈 손으로 하늘을 쓰다듬으리.

가끔은 멈추어 달빛 아래 잠들고
가끔은 웃으며 별빛 아래 노래하고
나의 길은 또 다른 바람이 되어
떠도는 구름처럼 자유롭게 살자.

흐르는 구름이 내 집이 되고
떨어지는 낙엽이 내 친구가 되어
어제의 무게는 두고
오늘의 가벼움으로 살아가리라.

## 나그네의 설움

길 위에 내리는 바람은
등을 떠미는 듯, 다시 밀쳐내듯,
어디로 가라는 말인가,

낯선 하늘, 낯선 땅
낯익은 것은 오직 그리움뿐.
손끝에 닿지 않는 고향의 온기여,

돌아보면 발자국은 흩어지고
내 뒤를 쫓는 것은
저문 해 그림자일 뿐.

타향의 달빛은 차갑고
고운 이름 하나 불러줄 이 없는 밤
내 마음은 먼지를 삼키는 바람이다.

그대는 아는가
이 낯선 곳에서도
나는 여전히 누군가의 꿈이라는 것을.

그러나 꿈도 희미해지는 이 거리에서
나는 한 줌의 설움으로
갈 곳은 없어도 길 위에 머문다.

## 희망의 불씨

어이할꼬
정치하는 양반네들,
여야 당파 싸움에 눈이 멀어
국민의 한숨은 듣지 못하니,
걸핏하면 탄핵이 일상이 되고
허공에 떠도는 비들기만 날아간다
경제는 바닥을 긁으며 신음하는데,
저 높은 양반은 화를 참지 못해
계엄을 선포하고,
또다시 삿대질로 난리가 나니
옳고 그름의 길은 안갯속에 갇혔구나.
옳은 길을 알아도 말 못 하는 자들,
오직 자기 당의 깃발만 지키려
국민의 고통을 외면하니,
이 나라의 근간이 무너져 가는데
누가 손을 내밀 것인가.
갈팡질팡하는 민심, 진실은 어디에 있는가.
무엇이 옳은 일인지,
어떻게 해야 할지 몰라
우리는 길을 잃고 방황한다.
이리 어찌할꼬, 저리 어찌할꼬,
한숨만 깊어가는 이 땅에
희망의 불씨는 어디에 있을꼬.

## 삶의 그림자

삶은 물결,
고요한 호수 위에 번지는 작은 잔물결이더라.
때로는 광풍에 흔들리고
때로는 별빛에 잠기는 깊은 호흡
삶은 씨앗,
메마른 땅에도 뿌리내리는 강인함이더라.

봄의 손길을 기다리며
겨울의 침묵을 견디는 인내.
한순간 뜨겁게 타오르다 사라질지라도
그 빛으로 누군가의 어둠을 밝혀주는 작은 등불
삶은 그림자,
빛이 있어야만 존재하는 흔적이더라.

가끔은 자신을 숨기고
가끔은 모든 것을 드러내는 투명함.
삶은 물음표,
끝나지 않을 듯한 질문 속에서도
답을 찾으려 애쓰는 여정
그 자체가 정답임을 깨닫게 되는 길
그러니, 흐르는 강물에 몸을 맡겨라.
타오르는 불꽃에 손을 내밀어라.
그 속에서 삶은 늘 네 곁에서 속삭이고 있으니.

## 517 얼룩진 계엄선포


깊은 밤, 달빛 아래 무거운 공기가 흘렀다.
침묵 속에 메아리치는 철제 구두의 행렬,
무엇이 잘못되었는지 묻는 이는 없었다.
그저 명령만이 울렸다. "멈춰라."
바람마저 멈춘 거리, 깃발은 흔들리지 않는다.

잊혀진 자유의 노래
그 가락은 어디에 묻혔나?
언제부터 사람의 얼굴이 숨겨졌는지
언제부터 눈빛이 두려움으로 젖었는지
강제된 평화는 유리처럼 차갑고 날카롭다.

서로 다른 의견은 하나의 입속에 묶이고
달아날 곳 없는 밤의 어둠은
우리의 그림자마저 붙잡아둔다.
침묵은 무기가 되어,
어둠을 삼키고 저항을 찢는다.

창문 뒤에서는 무수한 눈들이 깜박이고
그 눈빛은 꺼져가는 촛불처럼 떨린다.
언젠가 아침이 오겠지,
모든 군화의 발걸음이 멈추는 순간,

쇠사슬처럼 무거운 이 공기 속에서
새벽의 첫 숨이 퍼져나갈 때. 그러나
지금은 총구가 가리키는 방향을 피하고
얼어붙은 거리에서 발자국을 남기지 않는 것,
그것이 우리의 유일한 생존이다.

계엄 아래의 하늘은 낮과 밤이 없다.
그저 지워진 시간, 잃어버린 날들이 있을 뿐.
그러나 기억은 사라지지 않는다.
우리는 잊지 않으리라, 이 어두운 날을
새벽은 분명 올 것이다,

감시탑의 불빛이 꺼지는 날,
우리가 목소리를 되찾는 날,
자유라는 이름으로 다시 태어나는 날.
그것이 자유 민주주의를 지키는 등불이다.

## 삶의 영혼

흐르는 강물처럼
삶은 쉼 없이 나아가네.
빛과 어둠의 춤사위 속에서
영혼은 고요히 깨어나리.
햇살은 나뭇잎 사이로 속삭이고,
바람은 이름 없는 들꽃을 쓰다듬네.
그 속에 묻어둔
작고 깊은 소망들.
영혼은 질문을 던지네.
"나는 어디로 가는가?"
그 대답은 땅과 하늘 사이,
숨결 속에 머물러 있으리.
어둠이 내려앉아도 두려워 말라.
별빛이 길을 그릴 테니.
삶의 영혼은,
언제나 너와 함께하리니.
마음 깊은 곳의 불씨를 간직하라.
삶은 고요한 불꽃,
영혼은 그 불씨의 노래.

## 어리석은 자여

남을 디딤돌 삼아
자신의 탑을 쌓는 자여,
그대의 손에 묻은 먼지 속엔
다른 이의 눈물이 흐르리라.

이득의 그물에 걸린
순수한 마음들을
그대는 조각내어
허공으로 흩뿌리지만,

흩어진 조각들은
비수가 되어 돌아오고
그대의 발밑에
깊은 어둠을 새기리라.

보이지 않는 법의 저울이
그대를 가만히 바라보며
심판의 순간을 준비하니
땅은 무겁고 하늘은 가벼우리라.

남의 어깨 위에 올라
높아졌다고 웃는 그대여,
저 탑이 무너지면
허공엔 오직 바람만이 남으리라.

## 오늘의 기도 I

내 안에 깃든 작은 빛을 보게 하소서,
가만히 손을 얹은 가슴속에도
마주한 세상의 모든 것에도
그 온기를 잃지 않게 하소서.
오늘이라는 선물 앞에서
흐르는 시간의 물결에 두려워하지 않고
다가올 미래를 위한 씨앗을 심게 하소서.
눈부신 희망을 품고
무딘 손끝으로도 정성을 다하게 하소서.
길 위에서 만나는 바람조차
나를 더 단단히 일으키는 벗이 되고
흔들리는 그림자마저
더 큰 빛을 향한 계단이 되게 하소서.
내일의 해를 기다리며
오늘의 발걸음을 사랑하게 하소서.

## 흐르는 물길처럼

물길 따라 흘러가는 내 인생
세월이 아쉬워도 잡을 수 없고
한때는 푸르렀던 강가의 나무들,
어느새 황혼빛으로 물들어가고
속절없이 어디론가 흘러만 가네

애쓰고 노력한들 붙잡지 못할
저 시간은 손가락 사이로 새어가고
눈 깜짝할 사이에 머리 위엔 흰 서리가
마음 깊은 곳엔 아련한 기억만 남는구나.

이승에서의 삶, 그저 그러하니
욕심 부리지 말고 가볍게 흐르자
바람에 흔들리는 갈대처럼
저 강물 따라 흘러가다가
때가 되면 조용히 저 편으로 가세.

세월은 흐르는 물처럼 남기지 않지만,
우리 마음에 남은 작은 온기 하나
그것만으로도 충분한 삶이 아니던가.

## 밤의 기도

고요한 밤의 장막 아래
별빛이 속삭이듯 나직이 내려앉아
하루의 무게를 내려놓으며
지친 마음은 이 밤에 깃들길,

창가에 스미는 달빛 한 자락
그 부드러움이 나의 기도가 되어
가라앉지 못한 생각들도
이 밤의 적막 속에 잠들길,

아직 풀리지 않은 질문들과
답을 기다리는 기다림마저
고요히 놓아두고 떠나 보내며
이 순간만은 평화를 누리길,

세상이 속삭이듯, 잠든 지금
작은 숨결에도 감사함을 실어
조용히 두 손 모아 기도하고
모든 이의 밤도 평안하길….

## 오늘의 기도 II

오늘도 내가 머물러 선 자리
바람이 속삭이는 그 작은 틈새에
당신의 목소리가 들립니다.
고요 속에서 빛나는 평화로
마음을 채워 주소서.

짙은 구름이 덮여도
햇살이 나를 감싸듯,
희망을 잃지 않게 해주시고
내 두 발이 흔들려도
굳건한 믿음으로 걸어가게 하소서.

오늘의 하루,
사랑으로 채우게 하시며
작은 것 하나도 감사로 바라보는
눈을 허락하소서.
당신의 뜻 안에 숨 쉬는 이 날이
은혜로 다가오기를 기도합니다.

모든 순간에
당신의 손길을 느끼며
온전한 평화를 누리게 하소서.

## 노년의 사랑

세월이 흘러 주름진 손길
젊음은 저만치 떠나갔으나,
너를 보는 눈빛은 여전하구나
저물녘 하늘에 비친 노을처럼
은은하게, 그러나 깊게 스며든 사랑.

어릴 적엔 몰랐던 것들,
가벼웠던 말과 스치던 손길도
지금은 소중해,
흘러간 시간 속에서 빚어진
너와 나의 이야기.

한때는 뜨겁게,
지금은 조용히 타오르는
우리의 마음,
말없이 곁에 앉아
함께 바라보는 가을 하늘이
이제 더 없이 충분한 순간.

젊은 날의 불꽃 같은 사랑이 아니라
묵묵히 서로를 감싸주는
따뜻한 바람 같은 사랑,
노년의 사랑은 이렇게 피어나리라.

## 똥장군

흙바닥을 딛고 선 똥장군,
냄새가 나도 당당한 자태를 뽐내니
어디서든 꿋꿋하게 서서
비웃음에도 꺾이지 않는 마음이다.

비바람 몰아쳐도 미소 지으며
흙탕물 속에서도 빛나는 용기이다
세상의 눈치보다 더 큰 자신감으로
똥장군은 그렇게 생명력을 잉태 하였다.

다른 이들은 피하지만,
그 속에 숨겨진 생명의 순환이다
똥장군은 자연의 일부로
묵묵히 자신의 역할을 다하였다.

강한 자만이 빛나지 않아도
자신을 믿고 서 있으면
그것이 곧 승리라 말하는 똥장군
그의 지혜로운 삶은 아름다웠다.

## 가는 세월 I

흘러가는 저 강물처럼
시간은 나를 스쳐가고
잡으려 해도 머물게 하려 해도
손끝 사이로 사라지는 저 세월.

나뭇잎이 붉게 물들 때
나는 알지 못하고
그 순간이 영원할 수 없음을
봄이 오고, 다시 겨울이 찾아오듯,
세월은 제 갈 길을 간다는 것을.

그러나, 슬프지도 머물지도 않아도
그 안에 담긴 행복은 나의 것
아침 햇살에 눈, 뜨던 날
웃음 속에 피어난 사랑
작은 꽃잎에도 설렜던 마음
그 모든 순간은 여전히 나와 함께.

세월이 지나도
삶은 여전히 춤추는 듯,
바람 속에서 빛나고 시간이 가도
내 마음속 행복은 지지 않네.

가는 세월을 잡을 수 없어도
우리는 그 흐름 속에서 살아가네.
멈추지 않아도 괜찮아,
그 안에 행복은 내가 만들어 가는거야.

## 뜬구름의 여정

바람에 따라 구름을 따라가며
내 삶의 길을 저만치 더듬어가고
잡으려 하면 스러지고 손에 쥔 듯,
떠다니다가 사라지는 뜬구름아!

가까워질 듯 멀어지고
나를 비추던 햇빛조차 구름 뒤에 숨어
내딛는 걸음은 흔들리지만,
구름은 어디로든 자유롭게 떠나가네.

이 길은 내가 정하는 것이 아닌
저 바람이 가는 대로
구름이 흘러가는 대로
그저 흩어지는 여정임을 깨달았네

뜬구름 위를 걸어가는 듯,
그 끝은 알 수 없으나
그 속에 또 다른 나를 찾으며
오늘도 저 뜬구름은 나를 데려가네.

3부
삶의 그림자

## 파도의 속삭임

삶은 바다와 같다
때론 고요한 물결 속에서
잔잔히 흐르다가
문득 거친 파도가 밀려온다

밀물처럼 다가오는 순간들
거센 소용돌이 속에 휘말려도
결국 사라지는 바다의 물결처럼
나의 아픔도 흩어져 간다

바람에 흔들리는 갈매기처럼
때론 흔들리고 떠밀리지만
멀리서 보이는 희미한 등대가
다시금 나의 길을 비춘다

삶은 바다와 같다
그 끝없는 수평선 너머에
언제나 새로운 파도를 맞이하며
또다시 헤엄쳐 나간다.

## 보릿고개

가파른 산길 따라 오르네,
겨울 끝에 남은 바람 차가워
헛헛한 속은 채울 길 없고
가족의 숨결조차 무거워라.

눈 녹아 물길 열리거든
삭막한 들녘에 봄이 오려니
희망의 씨앗 움트길 바라며
고개 넘어 푸른 들을 꿈꾸네.

## 불멸의 이순신

강물은 흐르고 역사는 숨쉬니
나라의 운명을 짊어진 이, 그 이름 이순신
한산도 물결 위에 우뚝 선 그대
파도는 그대의 기상을 닮아 높아지네.

조선의 바람 속에서 태어난 장수
충무공, 그대의 용맹은 천지를 울리고
적의 함선들이 몰려오니
그대의 칼끝은 정의를 밝히네.

열두 척의 배로 일으킨 기적
그대의 용기는 민족의 빛이 되었도다.
나라를 지키고자 몸을 던져
수많은 목숨을 구한 그대의 뜻이여.

난중일기에 적힌 그대의 슬픔
그대의 눈물은 바다로 흘러가니
그대의 마음속 깊은 곳에
애국의 불꽃이 타오르네.

적의 포화 속에서 서슴없이 나아가
한 줄기 빛으로 어둠을 깨뜨리니
이순신, 그대는 영원히 살아있도다.

그대의 이름은 영원히 빛나리라,
하늘의 별처럼, 바다의 파도처럼.

나라를 위해 자신을 희생한 그대
조선의 혼, 불멸의 이순신이여,
그대의 넓은 바다 위에 머물며
후세에 길이 전해지리라.
불멸의 이름, 이순신이여!
그대의 영광은 영원하리라

## 한마음으로 피어나는 시

우리는 한 점 꽃잎이 되어
바람 따라 흔들리면서
함께 피어나는 봄의 노래.

서로 다른 색깔의 꿈을 안고
같은 뿌리에서 자란 나무
한마음으로 뻗어가는 가지들.

비가 내리면 서로의 잎을 감싸고
햇살이 내리면 함께 빛을 받아
더 깊은 곳으로 뿌리를 내리며.

우리의 열린동해문학은
서로의 마음을 담아
한 줄기 강물처럼 흘러간다.

힘든 길 위에서도
한마음 한뜻으로 전진하며
끝없는 길을 함께 걸어가자.

우리의 시가 강물이 되어
모두의 가슴속에 영원히 남는
그런 열린동해문학으로 성장하자.

## 삶이란

이름 없는 길을 걷는 것
빛과 그림자 사이를 지나
끝없는 미로를 헤매는 것

때론 숨 가쁘게 뛰어가다가
때론 지쳐 멈춰 서기도 한다
돌아보면 이미 먼 길을 와버린

그리운 기억은 발자국을 남기고
지워지지 않는 상처는
마음속 깊이 새겨진다

그러나 다시 일어나야 한다
바람이 불어오는 대로
흘러가는 물처럼 자연스럽게

삶이란 결국
지금, 이 순간을 살아가는 것
눈을 감고 마음을 열어
오늘의 빛을 마주하는 것
어둠 속에서도 빛을 찾는 것

그것이 우리가 걷는 길
삶이라 불리는 여행이다
언젠가는 떠나야할 세상이 아니던가

## 삶은 어두운 그늘과 같다

삶은 어두운 그늘과 같다.
빛과 그림자의 경계 속에 숨쉬며
찬란한 태양조차 이겨내지 못한
깊은 어둠이 존재하는 곳이다.

낮의 끝자락, 밤의 시작
희미한 황혼이 깃든 시간
그 속에서 우린 길을 찾는다,
의지와 희망을 품은 채 기다린다.

매일의 고단함은 그늘 속에 숨고
기쁨은 그늘 밖을 맴돌며
잠시나마 어루만져주는 손길
그 순간, 그늘은 조금씩 옅어진다.

그늘 속에서 우리는 배운다,
어둠 속에서도 빛을 찾는 법을
절망의 한가운데서도 꿈꾸는 법을
그리고 다시 일어서는 용기를 준다.

삶은 어두운 그늘과 같다,
하지만 그 그늘 속에서도
작은 빛줄기가 반짝이며
우리를 이끄는 별이 된다.

## 꽃지해수욕장

바다의 품에 안긴
꽃지해수욕장

파도는 은빛 노래로
모래를 감싸 안고
해변은 그리움으로
촉촉이 젖어든다.

갈매기들 자유로운 날갯짓
하늘을 가르며
푸른 파도에 실려온
소금기 어린 바람.

저 멀리 수평선
희망과 꿈을 담은
끝없는 푸른 길
꽃지해수욕장
그곳에 서면
마음도 바다가 된다.

## 소낙비

하늘은 슬픔을 감추지 못한 듯
거친 숨결로 울음을 토해내고
돌연히 내린 소낙비,
마치 오래된 기억을 씻어내듯.

바람은 불어와 잔가지 흔들고
한낮의 뜨거운 열기를 식혀주고
빗방울 하나하나, 대지에 닿을 때마다
생명을 불어넣는다.

마을 길가의 작은 꽃들은
기다렸던 사랑을 만난 듯,
고개를 들어 비를 맞고 풀잎은 춤을 춘다.

사람들은 집으로 급히 몸을 숨겼지만
그 빗속에서 자유로이 떠돌던
내 영혼은 하늘과 땅의 이야기를 들었네.

소낙비, 그 짧은 순간
모든 것을 적셔 주고
다시 맑은 하늘을 남기고
새롭게 시작되는 하루의 약속처럼.

## 가는 세월 Ⅱ

바람에 흩날리는 나뭇잎처럼
세월은 조용히 흐른다.
눈부신 봄날의 꽃잎이
한순간에 사라지듯이
우리의 시간도 그렇게 흘러간다.

마음속에 간직한 추억들
달빛 아래 반짝이는 별처럼
기억의 하늘에 남아 있지만,
손을 뻗어도 닿을 수 없는
그날의 빛나는 순간들은 지나갔다.

누구에게나 주어진 이 시간,
아름답게 살아가기를 바라며
가는 세월을 아쉬워하기보다는
오늘을 소중히 여기며
새로운 날을 맞이하라.

세월은 다시 돌아오지 않지만,
우리의 발자취는 남아
삶의 길을 밝혀주리라.
흐르는 시간 속에서도
빛나는 꿈을 꾸며 살아가자.

## 술잔의 위로

아, 술잔에서 출렁이고 싶다
맑은 술이 반짝이는 잔 속에서
마음의 파도가 잔잔히 일렁인다.

한 모금 입에 머금으면
삶의 고단함이 잠시 쉬어가고
묵은 감정들이 물결 따라 흩어진다.

바람결에 스치는 잔 속의 풍경
한잔의 술잔이 위로가 되어
쓸쓸한 마음 한켠을 따뜻이 감싼다.

소리 없이 넘치는 술잔의 향기
작은 잔 속에 담긴 큰 위로
홀로 있는 밤, 조용한 위로가 된다.

## 하나님의 은혜의 향기

고요한 새벽, 바람 사이로
은은히 스며드는 향기 하나
그 이름, 하나님의 은혜

메마른 땅 위에도 피어난 꽃처럼
상한 마음 위에 내려앉는
그분의 자비, 그분의 손길

눈물로 무너진 날에도
포기하지 않으신 사랑이
가장 낮은 곳에서 나를 감쌌네

내가 알지 못한 시간에도
내 걸음을 따라 흐르던
그 향기, 나를 일으킨 숨결

하나님의 은혜는 향기롭다
보고 듣는 것이 아니라
느끼는 것, 살아내는 것

오늘도 나는 그 향기 따라
감사로 길을 걷네
그 향기 속에, 그 은혜 안에

## 풍경 너머의 설문(說問)

가느다란 바늘빛이
구름의 속살을 꿰매고
지평선은 익명의 편지를
침묵의 봉투에 접어 넣는다.

바람은 낡은 신전의 서기처럼
낱말 없는 기도를 속삭이고
나무는 제 그림자를 굽혀
잊힌 문장의 밑줄이 된다.

산은 눕지 못한 질문이고
강은 아무 대답도 못한 채
시간의 혀를 물고 흐른다.

너머의 풍경은
눈동자에 번지는 설문지
선택지 없는 질문들만
검은 잉크로 고요히 떠 있다.

나는 그 설문에
대답 대신 숨을 남기고
파편 같은 해를 쥔 채
다시, 아무도 없는 들판을 걸었다.

## 그대 머무는 곳에

달은 유리 심장을 품은
검은 바다의 눈동자
그대가 머무는 창가에
고요를 부리고 있었네.

나는 이끼 낀 시계의 숨결
시간의 털실로 감긴 문지방을
끝끝내 넘어보지 못하고
메아리만 껴안은 채 부서졌지.

그대는 바람의 두 번째 그림자
모래의 기억을 뒤집는 손끝.
내 말은 불 꺼진 별들의 문장을 입고
그대의 침묵에 머물다 녹아내렸네.

밤마다 나는 비에 잠긴 종이학이 되어
허공에 접혀 가다듬어진다,
그대가 없는 자리마다
나는 나를 잃어버린다.

그대 머무는 곳에는
빛도 발을 씻고 울음을 삼키고,
나는 내 안의 길을 잃고도
그대를 닮은 미로를 걷는다.

## 초여름

초여름 볕이
이마에 가만히 내려앉던 날,
우리는 들녘 끝에서
하늘을 반씩 나누었다.

연줄을 잡은 네 손등 위로
땀이 아니라,
햇살이 고이고
마음도 그만, 가벼워졌다.

바람을 타는 연이
너에게로 기울면
나는 줄을 조금 놓아주었지
네가 더 멀리, 높이 닿을 수 있도록,

그러다
내가 흔들리는 날엔
넌 조용히 줄을 감아
나를 되불러 주었다.

그렇게,
우리는 하늘을 나누면서
그저 더운 계절이 아니라
초여름을 맞이하며 사랑했다.

# 봄 처녀

눈 감으면 들린다
분홍 숨결로 엮은 비단길,
그 위를 걷는 자태는 마치
녹슨 달빛 위로 떨어지는
버들잎의 첫 사유이다.

그녀의 발끝마다 피는 것은
시간을 매단 붉은 꽃방울,
어제의 겨울이 감히 스민다면
그 향기는 무수한 어둠을 베고
살갗을 긁는 바람조차 수줍다.

저 언덕 아래 피어나는 아지랑이는
그녀의 숨결이 문지른 거울
거기 비치는 건 누구의 소망인가,
고요한 혼잣말이 번져가는
미처 말 못 한 이름의 윤곽이다.

아, 봄이란
처녀의 맨 어깨 위로 흐르는
보이지 않는 비늘,
그 반짝임을 알기 전까진
나는 그저 눈먼 겨울이었다.

## 오월의 장미

잠든 계절의 입꼬리를 물들이는
시간의 틈새,
붉은 장미가 피어난다.

아직 울지 못한 새벽의 혀끝에서
바람은 너를 품고
잎맥을 타고 흐른 햇빛의 고백은
잊힌 언어의 폐허를 스친다.

가시를 감춘 자여,
너는 피와 향기로 엮인
겹겹의 문장이다.

벗겨지는 감각의 주름 위로
유폐된 감정의 낙인이 떠오르고
그 위에 내 시선은
미세한 비탄의 정원을 세운다.

그대여,
오월의 장미여,
너는 생의 가장 단정한 역설이다.

## 봄 마중

살며시 문을 두드리는
햇살 한 줌,
겨울 끝자락을 물들이며
봄이 온다 말하네.

앙상한 가지 끝,
연둣빛 숨결이 피어나고
바람도 어느새 부드럽게
내 볼을 어루만진다.

긴 꿈을 깨우듯,
풀잎은 몸을 펴고
개울은 졸던 노래를
다시 부르기 시작한다.

나는 조용히 서서
그 모든 첫 숨결을 맞이한다.
어서 와, 봄아
참 오래 기다렸구나.

## 자연의 섭리

흙은 잠들고, 바람은 깨어
하늘은 고요히 빛을 내리며
물결은 그 속에서 춤을 추며
자연의 섭리대로 태어난다.

봄은 가볍게 손끝을 내밀고
겨울은 길고 깊은 잠을 자며
여름은 태양을 품고,
가을은 열매를 기다린다.

모든 것은 제자리에서 돌아가며
서로를 품고 흐르고, 자란다.
자연의 섭리는 그 어떤 이유 없이
우리가 잊은 평화를 되돌려준다.

우리는 그 안에서 작고 또 커져
끝없이 순환하는 이 세상에
묻혀 가는 것, 그것이 바로
자연이 우리에게 주는 선물이 아닌가

## 봄의 서막

겨울이 남긴 눈물 자국 위로
햇살이 살며시 붓질을 하면
대지는 초록빛 꿈을 꾸기 시작한다.

바람은 속삭이고,
나무는 기지개를 켜며
연두빛 새순이 살며시 인사를 건넨다.

꽃봉오리는 조심스레 문을 열고
산새는 맑은 노래로 화답하며
봄의 서곡을 완성해 간다.

이제 봄이 왔다.
겨울의 그림자마저
햇살 속에서 노래가 된다.

## 삼짇날, 산보 하러 가세

복사꽃 피는 언덕 너머
버들강아지 살랑이는 강가에
나비 따라 산보 하러 가세

봄비 머금은 바람은 달고
진달래 빛 입술에 머무네
고운 날, 산보 하러 가세

쑥 한 줌 뜯어 손에 쥐고
꽃잎 띄운 막걸리 한 잔에
웃음꽃도 함께 피어나리

삼짇날, 봄은 무르익고
우리 마음도 들뜨니
갯마을 아낙네, 산보 하러 가네

## 꽃샘추위

꽃 피울 줄 알고
고운 옷 입었더니
찬바람이 질투하네.

겨우내 숨겨둔 추위를
한 움큼 쏟아내고는
슬며시 물러서겠지.

그래도 봄은 안다.
이 추위마저 지나야
더 눈부신 꽃이 핀다는 걸.

## 봄비

봄비는 속삭이는 연인이다.
겨울의 메마른 땅을 어루만지며
따뜻한 입맞춤을 남긴다.

봄비는 은빛 실타래다.
하늘에서 곱게 내려와
대지를 푸르게 수놓는다.

봄비는 피아노 선율이다.
창가를 두드리는 리듬 속에
새싹들은 조용히 꿈을 꾼다.

봄비는 엄마의 자장가다.
잠든 꽃망울을 부드럽게 감싸며
새로운 계절을 속삭인다.

## 봄의 노래

바람 끝에 실려 온
살구꽃 향기 속삭이면
얼어 있던 강물도
살며시 눈을 뜬다.

나뭇가지 위로 돋아난
연둣빛 새싹 하나
긴 밤을 지나온 땅이
건네는 첫인사.

따스한 햇살에 녹아든
아이들의 웃음소리
봄은 그렇게
우리 곁에 내려앉는다.

## 봄의 속삭임

살랑이는 바람 타고 온 봄빛 속에
꽃눈이 피어나듯 꿈도 피어난다.
나뭇가지 끝마다 새순이 인사하며
긴 겨울의 그림자를 지워낸다.

개울가 돌 사이로 흐르는 노래,
햇살은 투명하게 반짝이며 웃고
초록의 향기를 품은 들판 위로
제비는 첫날개를 부지런히 젓는다.

따스한 손길로 대지를 어루만져
잠자던 생명을 깨우는 계절,
꽃잎에 머문 이슬도 반짝이며
설레는 봄날의 시작을 알린다.

우리도 봄을 닮아 걸음을 내딛자,
새로운 날들이 우리를 부른다.
희망의 씨앗을 조심스레 심으며
봄처럼 환하게 피어나리라.

## 보리밭의 노래

바람이 불어오면 출렁이는 초록의 물결,
보리밭은 조용히 노래한다.
햇살을 머금은 가녀린 이삭들이
하늘을 향해 몸을 기울이며 속삭인다.
아침이면 은빛 이슬을 머금고,
저녁이면 노을빛에 물들어 간다.
하루하루 자라나는 시간의 노래,
그 속에서 우리는 꿈을 꾼다.
아버지는 저 밭을 일구었고,
어머니는 햇보리를 손끝에 쓸었다.
푸른 계절이 지나 황금빛 들녘으로
수확의 기쁨이 찾아오리라.
어린 시절 맨발로 뛰놀던 그 밭,
살랑이는 바람을 쫓아 달리던 기억.
손에 쥔 한 줌의 보리 이삭이
가슴속 그리움이 되어 피어난다.
오늘도 보리밭 위로 바람이 분다.
끝없이 흐르는 시간 속에서도
변함없이 노래하는 푸른 물결,
그 속에 내 마음도 함께 출렁인다.

## 마지막 겨울

눈이 내린다
마지막 겨울이 너를 감싸듯
하얀 숨결로 스며든다.

얼어붙은 강물 위로
너의 흔적이 흐르고
바람은 조용히
지난 시간을 되감는다.

손끝에 닿던 온기
그 작은 떨림마저
기억 속에서 녹아내려
한 줄의 시가 된다.

봄이 오면
이 눈도, 이 바람도
모두 사라지겠지만
너는 여전히 겨울 속에 있다.

4부
지나간 시간들은

## 높으신 은혜의 향기

햇살이 따스히 등을 어루만질 때
그대의 손길이 떠오릅니다.
말없이 건넨 눈빛 속에도
한 송이 은혜가 피어납니다.

바람 따라 스며드는 향기처럼
보이지 않아도 머무는 사랑
그대의 마음은
고요한 샘물처럼 내 안에 흐르네요.

어린 시절 마른 입술에
물 한 모금 같았던 따뜻한 말
지친 하루 끝자락마다
등불이 되어준 작은 배려들.

그 모든 순간이 모여
내 삶에 향기로 남습니다.
이 은혜의 향기는
시간이 흘러도 사라지지 않겠지요.

나는 오늘도 그 향기 따라
감사의 길을 천천히 걸어갑니다.

## 꽃속의 여인

하늘이 벚꽃 빛으로 번지던 새벽녘
그녀는 싱그러운 봄 숨을 들이 마신다.
투명한 이슬을 머금은 꽃망울 아래
부드러운 손길로 하루를 깨운다.

파란 하늘 속에 새긴 손끝 자국
강한 햇살 속에도 꿈 하나 키워낸다.
얼어붙은 땅조차 녹일 듯한 미소로
시린 꽃봉오리를 따스히 품어준다.

노을빛 한 움큼 느껴지는 오후
그녀의 뜰에는 은은한 향기가 번져간다.
고운 빛깔에 물든 분홍 장미 잎 사이로
발끝으로 춤추는 나비 한 마리.

잔잔한 기억의 연못처럼 고운 눈망울
세상이 잠들어도 그녀의 빛은 늘 켜진다.
움직이는 그림자, 속삭이는 바람결 속에
또 다른 내일의 씨앗이 움튼다.

저녁노을이 깃드는 시간에도
그녀의 정원엔 꽃들이 숨을 쉰다.
작은 기적 같은 하루를 마무리하며
달빛 아래 미소 짓는 그녀.

## 인연 I

세상의 실금(細金) 위를 걷는
그대는 바람의 서명처럼
잠시 내 시간 위에 눌러앉았다

나는 기억의 주름 속에서
검은 잉크로 그대를 필사했다
실은, 운명의 필경사도 읽지 못할
서툰 붓놀림이었건만,

인연이란,
허공에 매단 종유석 같아
천천히 떨어지는 물방울로
서로의 얼굴을 조각하되
끝내 닿지 못한 조각상들처럼

어쩌면 우리는
같은 우주의 틈 사이로 난
두 마디 별의 음계였을까
같이 울릴 수 없도록 배치된
선율 전의 정적

그대와 나,
종이의 양면처럼

서로를 완벽히 맞물리면서도
결코 마주할 수 없는 운명을 찢고
이 시를 접는다

## 그리움의 그림자

창가에 스미는 달빛을 따라
너의 흔적을 더듬어 본다.
손끝에 닿을 듯, 닿지 않는
그리움이 바람을 타고 흐른다.

시간은 사랑을 지우지 못하고
기억은 너를 더욱 선명히 그린다.
멀어질수록 깊어지는 마음
내 안에 넌 여전히 머물러 있다.

밤이 깊어질수록 짙어지는 그리움
세월이 흘러도 잊혀지지 않으리.
언젠가 다시 마주할 그날을 꿈꾸며
나는 오늘도 너를 그린다.

## 그대 기다리며

첫새벽 이슬 맺히듯,
그대를 기다립니다.
별빛이 스며든 창가에
그리움 한 줌 놓아두고.

한 줄기 바람이 불어오면
그대 숨결인 듯, 포근하여
가만히 눈을 감고서
내 마음을 그대에게 띄웁니다.

기다림은 꽃이 되어
가슴속에서 피어나고
그대 향기 머금은 사랑은
한 송이 시가 됩니다.

오늘도, 내일도
그대 오는 길목에서
설레는 마음으로
사랑을 읊습니다.

## 동백꽃의 속삭임

첫눈처럼 내려앉은 꽃잎
겨울 품에 안겨도 뜨겁고
찬바람 속에서도 붉게 피어
별처럼 빛나는 너의 마음.

시간이 흘러도 변치 않는
너의 사랑은 불꽃 같아
한겨울의 서늘한 품 안에서
더욱 선명히 피어나는 약속.

바람이 불어도 꺾이지 않는
한 조각의 태양 같은 그리움
동백꽃이 말없이 지듯,
나도 조용히 너를 기억하리.

## 인연 II

바람이 스치듯 지나간 자리에도
우리는 흔적을 남기나니
지나쳐간 손끝 하나에도
운명의 실은 얽혀 있었다.

한 번 스친 눈빛이 따스하면
다시 마주할 날이 있으리라
멀어지는 걸음마저도
언젠가 다시 머물 곳을 찾으리.

모래알 같은 시간 속에서도
우리는 서로를 기억하리니
잊힌 듯 흩어져도
결국 같은 길 위에서 만나리라.

인연이라 부르고 이 만남을
우연 속에 숨은 필연이라
비로소 알게 되리라
너와 나, 이미 오래전부터 하나였음을.

## 그리움의 그림자

밤하늘에 흩어진 별빛처럼
그리움은 내 마음을 수놓는다.
바람에 스치는 너의 향기가
아직도 내 가슴 속에 머물러 있다.

사랑은 손끝에서 흩어진 모래처럼
잡으려 할수록 멀어졌지만,
그 추억은 바다처럼 깊어
시간이 지나도 잊히지 않는다.

너와 함께 걷던 길 위에
낙엽이 수북이 쌓여도,
그 속에서 우리는 여전히
웃고 울던 그날의 우리다.

그리움은 사라지지 않는 불씨,
사랑은 가슴 속 영원한 별빛.
추억은 우리를 이어주는 다리,
너 없는 오늘도 그 다리를 건넌다.

## 설야(雪夜) I

고요히 내려앉는 하얀 숨결
밤하늘을 수놓은 별들의 속삭임처럼
눈송이가 춤추며 세상을 덮는다.

얼어붙은 나무 가지 위 그리움이
흩뿌려져, 빛나는 얼음꽃을 피우고
발끝에 부서지는 눈의 음율은
가만히 잠들었던 마음을 깨운다.

겨울의 깊은 품 안에서
찬 공기가 귓가를 스치며
사라진 옛 추억의 잔상들이
눈발 사이로 모습을 드러낸다.

멀리 들리는 바람의 노래에
나는 스며들고, 하늘을 올려다보며
설야, 이 정적 속에 얼음처럼 투명한
나의 속삭임도 하늘에 닿을 수 있을까?

잠시 멈춘 시간의 흐름 속에서
세상은 흰빛으로 숨을 고르고
아름답게 펼쳐진 설야의 품 안에
아련한 온기를 새긴다.

## 첫눈의 속삭임

흰 옷 입은 하늘이
살며시 내려앉는 소리
세상이 기다리던 첫 인사
숨죽인 땅 위에 떨어지는 설렘.

바람은 소리를 삼키고
모퉁이마다 정적이 피어난다.
너와 나, 우리가 남긴
발자국도 꿈결 같아요

눈꽃 하나,
너의 손끝에 머물다
사라지는 그 찰나
말을 걸어오는 것 같아요

"잊지 마, 내가 다녀갔음을."
한겨울의 약속 같은 그 말,
녹아내려도 마음에 남아
첫눈이 다시 오기를 기다리게 한다.

세상에 처음 내린 눈처럼
너도 내게 그렇게 왔다.
사소한 모든 것이 새로워지고
모든 시작이 너를 닮았다.

첫눈은 처음의 용기다.
하얗게 내리며 말한다.
"괜찮아, 다시 시작해도 좋아."

## 겨울의 숨결

겨울이 와 닿는다.
찬 공기 속에서,
맑고 투명한 숨결로
온 세상을 감싼다.

나뭇가지 끝에 걸린
하얀 서리가
조용히 속삭이듯
얼음꽃을 피우고,

바람은 차갑게 노래하며
볼을 스치고,
얼어붙은 강물은
깊은 침묵 속에 숨을 고른다.

이 추위 속에서도
어딘가에서 따스함이 피어난다.
작은 손길로 감싼 찻잔,
서로를 의지하는 온기.

겨울은 차갑지만
그 속에서 느껴지는
따뜻함을 찾아 겨울을 품는다.

## 초겨울

가을이 남긴 흔적 위로
첫눈은 아직 말갛게 맴돌 뿐
바람은 겨울빛을 입고서
가만히 이불을 덮어준다

나뭇가지 위 텅 빈 둥지처럼
숨죽여 기다리는 들판의 허전함이
차가운 공기 속에 스며들고
누군가의 외로움이 새어 나온다

따스한 옷깃을 여미며
한숨처럼 길어진 하늘을 올려다본다
어딘가 떠나려는 것과 남겨진 것 사이에서
세상은 오늘도 숨을 죽인다

초겨울은 말이 없다
그래서인지 더 깊이 스며드는 밤
어두운 창가에 맺히는 하얀 입김처럼
차분히 다가오는 고요가 반갑다

그리움도 겨울을 닮아가려는 듯
마음속 어딘가 흰 눈처럼 쌓인다
첫눈처럼 부드럽게 첫 추위처럼 선명하게
오늘도 계절은 한 걸음 더 걸어간다

## 빛으로 오신 분

깊은 어둠 속,
누구도 길을 보지 못하던 때
당신은 빛으로 오셨습니다.
고요한 새벽, 잔잔한 바람처럼,
그러나 세상을 가득 채우는 광채로
하늘을 펼치시고
별들을 꿰어 노래로 만드신 분,
바다를 부르시고
파도를 춤추게 하신 분,
그 모든 창조 속에
우릴 새겨 넣으신 사랑의 이름
때로는 질문투성이의 나날 속에서도
당신의 음성이 나지막이 들려옵니다.
"나는 너와 함께 있다."
그 한마디에 불안은 잠잠해지고
희망은 다시 자라납니다.
누군가 묻습니다.
"그 하나님이 어디 계신가?"
나는 대답합니다.
나뭇잎 속의 푸른 숨결
아이의 미소 속 따스한 빛,
그 모든 것에 당신의 흔적이 있다고.

당신의 사랑은 강물처럼 흘러
험한 바위를 부드럽게 만들고,
메마른 땅에 새 생명을 일으킵니다.
그 사랑에 기대어,
오늘도 걸어갑니다.
빛으로 오신 분,
당신의 이름을 부르는 이 시간,
가장 어둡던 내 영혼은
새벽처럼 밝아집니다.

## 초겨울의 풍경

찬바람이 옷깃을 여미며
가을의 흔적을 정리한다.
들판에 남은 볏단이
햇살 아래 금빛으로 빛나고
마지막 추수를 재촉하는
농부의 손길이 분주하다.
나뭇가지 사이로
산새들 날아들며
저마다의 노래로 숲을 물들이고
길가에 스치는 낙엽의 속삭임은
겨울을 부르는 작은 예고다.
흙냄새 가득한 들판에
붉게 물든 노을이 스며들면
긴 계절의 끝자락에서
새 계절이 살며시 발걸음을 내민다.
초겨울의 문턱에서
바람과 햇살, 자연의 모든 것이
새로운 이야기를 시작한다.

## 인생사 다홍치마

인생사 다홍치마라더니
철수는 오늘 빨간 바지 입었네.
출근길 버스에서 시선 집중
"저 사람 왜 저래?" 속삭이는 소리.

회의실 들어가니 팀장님 한마디,
"철수야, 무슨 특별한 날인가?"
철수는 씩 웃으며 말했지.
"아, 오늘 인생 화려하게 살고 싶어서요!"

점심 먹고 나가보니 커피가 쏟아져
하얀 셔츠에 번지는 빨간색 물감
"아, 역시 인생 다홍치마구나!"
철수는 외치며 커피를 쏟아버렸네.

퇴근길에 또다시 느껴진 진리
"인생이 다홍치마면 뭐해
세탁비나 많이 나오지."
웃으며 바지를 보며 눈물을 닦네.

## 세월 따라가는 인생길

어이타 힘들구나,
저기 저 산도 참 가파르구나!
구름마저 느긋하게 떠가니
"나도 구름 따라 쉬고 싶다!" 하니,
구름이 말하네.
"너나 나나 똑같이 바람 불면 가야지 뭐!"

인생길도 마찬가지로 쿨하게
힘든가 하면 또 쉬엄쉬엄 가는 것
저 구름 보며 웃자,
"나도 바람 따라 가는 거야!"
"너도 구름 따라 가는 거야"
"너나 나나 똑같이 바람 불면 가야자 뭐"

## 가을, 그대의 기억

가을이 오면 찬 바람이 불어올 때마다
그대 생각에 내 마음이 흔들린다.
노란 은행잎이 바람에 흩날릴 때마다
우리가 함께 걸었던 그 거리가 떠오른다.

하늘은 깊어지고 바람은 차가워지지만,
마음은 여전히 따스했던 그날에 머물러
그대의 미소 그대의 목소리
모든 것이 가을바람에 실려 온다.

쏟아지는 눈물은 멈추지 않고
그리움은 마치 비처럼 가슴을 적신다.
그대의 손길은 이제 내 곁에 없지만
기억 속에서 여전히 나를 감싸 안는다.

가을이 오면 찬 바람이 불어올 때마다
내 마음은 그대에게로 흘러가고
노란 은행잎이 흩날리는 그 길 위에서
나는 다시 그대를 기다린다.

## 계절은 마음으로 느끼는 것

나무에 걸린 낙엽이
떨어질 때마다
가을이 왔다고들 말하지만,
나는 그리운 얼굴을 떠올릴 때
비로소 가을을 느낀다.

눈 덮인 들판을 보며
사람들은 겨울을 말하지만,
나는 차가운 바람 속에 서서
따뜻한 손길을 기억할 때
겨울을 안다.

꽃이 피고 새가 노래하면
봄이 찾아왔다고들 하지만,
나는 마음속 깊이 묻어둔
새로운 시작을 꿈꿀 때
봄이 온다.

여름의 태양 아래서도
사람들은 여름을 말하지만,
이마에 흐르는 땀방울 속에서
한 걸음씩 나아가는 나를 느낄 때
여름이 오는 것이다

계절은 눈으로 보는 것이 아니라
가슴속에 남은 기억과
조용히 흘러가는 감정 속에서
계절은 비로소 오는 것이다.

## 길 잃은 구름의 항변


흰 구름이 떠다니다가 길을 잃었네
이건 또 무슨 일이야?
네비가 고장 났나,

바람이 불면 부는대로
아, 이렇게 가면 안 되는데!
저승으로 가네.

저승 문 앞에서
구름이 머뭇거리다가
아, 저기요,
이건 단순 길 잃음인데요.
저 아직 유효기간 많이 남았거든요?

저승사자가 한숨 쉬며 말했네.
에휴, 오늘도 길 잃은 구름 하나 들어왔네.
GPS부터 고치고 오세요.

## 단풍보다 빠른 내 텐션

단풍이 물들어가니
내 머리카락도 물들어가는구나.
내가 늙어가는 게 아니라
염색을 너무 안 한 거였어!

단풍이 떨어지니
내 지갑 속 돈도 사라지는구나.
계절이 바뀌면서
쇼핑 욕구도 같이 떨어졌나 봐.

바람에 휘날리니
내 계획도 다 휘날려 버렸네.
이젠 다 귀찮으니 그냥 침대 속으로
나도 휘날려 들어가야겠다.

## 그리움의 계절

나무들은 바람에 몸을 맡기며
하나둘씩 옷을 벗어가고
그 가벼워진 가지 끝에
내 마음도 함께 흔들린다.

이 가을 낙엽은 힘없이 떨어지고
그대 없는 빈 자리
텅 빈 공기가 가득 차올라
어느새 한 움큼 눈물로 내린다.

계절은 저 멀리 흘러가건만,
싸늘한 가을이 오면 다시금
그리움이 날 잠식하고
그대가 없는 이 가을은 쓸쓸하다.

바람 속에서 외면하려 발버둥쳐도
가을은 늘 그대의 이름을 불러온다.
그리움에 젖은 나의 가을은
그대 없이 완성될 수 없는 이야기다.

## 가을의 속삭임

이 가을, 누군가를 사랑하고 싶다
노란 잎새가 나부낄 때마다
가슴 속 빈자리도 함께 흔들린다.

바람은 살며시 내 귓가에 속삭이고
햇살은 부드럽게 내 어깨를 감싼다.
지금 이 순간이 사랑하기에 얼마나 좋은지.

멀리서 들려오는 은은한 향기
따스한 차 한 잔 속에 녹아드는 말들,
그 속에서 너를 떠올린다.

떨어지는 낙엽 하나에 내 마음을 실어
네가 걷는 길 위에 살며시 내려앉는다.
사랑은 작은 것에서부터 시작되는 것.

차가워지는 공기 속에서도
내 마음은 여전히 따뜻하다.
너를 사랑할 준비를 하는 이 가을이기에
내 마음이 더 아프고 시리다.

## 가을에 사랑할 거야

가을이 오면
나무들은 잎을 내려놓고
하늘은 더욱 깊어지고
내 마음도 그때쯤
조용히 너를 향해 가라앉을 거야.

바람이 부드럽게 뺨을 스치고
우리는 걷겠지
붉게 물든 길 위로.
내 눈 속에 담긴 너,
그리고 너의 눈 속에 담긴 가을.

노랗게 빛나는 단풍처럼
너를 사랑할 거야.
흩어지는 잎사귀처럼
내 마음도 천천히
아주 천천히 네 곁에 내려앉을 거야.

가을이 깊어질수록
우리의 사랑도 익어가겠지
아직은 서늘하지만,
곧 따뜻해질 거야.
우리가 함께하는 가을은.

5부

그리움의 계절

## 구들장

앞산 뒷산 넘나들며
지게에 나무를 지고 오신 아버지
부엌에 한 아름 내려놓으시면
어머니는 아궁이에 불을 지피시고
구들장 위로 퍼지는 따스한 기운
방 안 가득히 스며들어
방고래 위에 깔린 방바닥은
따스한 온기가 전해지고
방안 가득히 따스한 숨결이 스며들 때
긴 겨울밤도 포근하게 감싸주었다.

아버지 손길 닮은 온기
어머니 품 같은 따뜻함,
겨울바람이 아무리 매서워도
두터운 솜 이불에 얼굴을 파묻고
긴 겨울밤을 잤던 가족들
우리네 삶은 뜨겁게 흐르고
발끝으로 전해지는 옛이야기의 잔열
구들장 위에서 꿈을 데우고
가족의 사랑을 되새기며
우리는 그렇게 긴 겨울을 이겨냈다.

# 눈꽃

하늘에서 내리는 건
단지 눈송이가 아니었다.
서늘한 겨울바람 속에서
가만히 피어나는 작은 꽃잎들.
차가운 대지 위에
하얗게 수놓아진 그들은
추위를 두려워하지 않았다.
오히려 얼음 같은 침묵 속에서
가장 맑게 빛났다.
사라질 것을 알면서도
피어나는 용기,
녹아버릴 것을 알면서도
온 세상을 감싸는 온기.
눈꽃은 말없이 속삭인다.
삶이란 결국
순간을 피우는 일이라고.
찬란히, 그리고 담담히.

## 보리밭 사잇길로

아버지는 거친 손으로 밭을 일구고
어머니는 햇보리를 손끝에 쓸었다.
아침 이슬 머금은 싹들이 돋아나고
햇살에 몸을 맡긴 줄기들은
바람 따라 고개를 흔들었다.
푸른 계절이 지나 황금빛 들녘으로
수확의 기쁨이 찾아오리라.

아버지의 땀방울은 낟알로 영그는 꿈,
어머니의 손길은 따스한 저녁이 되어
가족의 식탁 위에 풍요로이 피어난다.
어린 시절 맨발로 뛰놀던 보리밭,
그 속을 살랑이는 바람처럼 스치던 날들.
햇살을 따라 달리던 작은 그림자가
지금은 추억이 되어 마음속에 피어난다.

햇살을 머금은 가녀린 이삭들이
하늘을 향해 몸을 기울이며 속삭인다.
아침이면 은빛 이슬을 머금고,
저녁이면 노을빛에 물들어 간다.
한 줌의 보리 이삭을 손에 쥐면

그리움은 바람을 타고 흔들리고
멀리서 들려오는 여름날의 속삭임에
가슴은 다시 푸르게 물든다.

오늘도 보리밭 위로 바람이 분다.
끝없이 흐르는 시간 속에서도
변함없이 노래하는 푸른 물결
그 속에서 내 마음도 함께 출렁인다.
지나간 날들은 저물어 가지만
보리밭 위에 이는 바람처럼
그리움은 언제나 내 곁을 맴돌 것이다.

## 강추위 기승

하얀 장막이 내려앉은 겨울
뼛속까지 스며드는 강추위는
조용한 골목마다 속삭이고
얼음 결정 위에 그림자를 두고
차가운 숨결이 잊힌 기억들을 깨운다.

서리 낀 창문 너머로
바람에 휘날리듯 흩어진 별빛이
멀리서 불빛처럼 깜빡이고
이 냉혹한 세상 속에서
내 안에 피어나는 작은 온기

꿈과 희망의 불씨는
강추위에도 꺾이지 않고 타오르고
겨울의 차가움이 가르듯
모든 상처도 결국 새로운 계절의
시작을 알리는 신호이다.

## 설야(雪夜) II

고요히 내리는 흰빛의 물결
밤하늘마저 숨죽인 채
한걸음 내디딜 때마다
뽀드득, 작은 숨결이 새어나고
별빛마저 차가운 눈 위에 녹아내린다.

그리움도, 아픔도
눈 속에 파묻히면 조용해질까
차가운 바람이 지나가도
설야는 모든 것을 품고 있으리.

고요한 밤, 흰 눈이 내려
달빛 아래 세상은 숨죽이고
바람마저 조용히 스미고
나무 끝에 내려앉은 눈꽃
작은 별처럼 아름답게 빛난다.

이 순간, 마음도 눈이 되어
세상을 덮어주고 조용히 내려앉아
봄은 다시 올 테지만,
잠시만 더 머물러도 좋으리라.

## 흰 눈으로 덮인 세상

흰 눈으로 덮인 들판은
세상의 모든 소음을 잠재우고
고요 속에 숨겨진 이야기를 속삭인다.

발자국 하나 없는 순백의 땅
마치 새로운 시작을 약속하듯
어제의 흔적을 감싸 안는다.

하늘에서 내리는 눈송이는
모두 다른 모양으로 태어나
잠시 빛나다 사라지지만,
그 순간은 영원처럼 느껴진다.

흰 눈으로 덮인 세상은
우리의 마음도 깨끗이 씻어
잊었던 따스함을 되찾게 한다.

혹한 속에서도
눈부신 빛을 품은 겨울
흰 눈으로 우리는
다시 희망을 꿈꾼다.

## 눈꽃

하늘이 내려준 하얀 숨결
차가운 바람에 실려와
나뭇가지 끝에 살포시 앉는다.

얼어붙은 대지 위에
작은 별들이 피어나고
그 속삭임은 겨울의 노래.

손끝에 닿으면 사라지는
투명한 꿈처럼
눈꽃은 순간을 품는다.

얼음 같은 침묵 속에서도
피어나는 그 섬세함은
세상에 가장 순수한 선물.

사라질 것을 알면서도
아름다움을 피워내는
눈꽃은 겨울의 영혼이다.

## 하얀 눈이 내리면

세상이 조용히 숨을 고른다.
바람마저 머뭇거리며
고요 속에 몸을 숨기고
땅은 하늘의 선물을 품는다.

작은 나뭇가지 위에 쌓인 눈송이
그 위로 새가 남긴 발자국
사소한 흔적마저
한 폭의 그림이 된다.

하얀 눈이 내리면
마음도 새하얗게 비워진다.
묵은 기억은 눈 속에 묻히고
새로운 다짐은
첫 발자국처럼 선명해진다.

이 순간만큼은
모든 것이 깨끗하고 순수하다.
하얀 눈이 내리면
세상도, 마음도, 다시 시작된다.

## 흰 눈이 내리는 날

흰 눈이 내리는 날,
하늘은 조용히 숨을 멈추고
세상은 하얀 캔버스가 된다.

첫 발자국의 소리가
마치 오래된 기억을 깨우는 듯,
바스락거리는 겨울의 노래가
귀에 속삭인다.

얼어붙은 나뭇가지 위에
고운 눈송이가 내려앉아
잠시의 쉼을 허락받는다.

그 순간마저도
금방 녹아 사라질 걸 알면서도
그저 있는 그대로 머문다.

눈부신 흰 빛 속에서
모든 것은 새로워지고,
어제의 흔적들은
부드러운 이불 아래 숨는다.

흰 눈이 내리는 날,
우리는 잠시나마
모든 것을 잊고
순수한 아이로 돌아간다.

## 내 고향 충청도

느릿느릿 흐르는 강물처럼
충청도의 바람은 부드럽다.
느긋한 미소 속에 숨겨진
고요한 강인함, 따스한 품,
넓은 들판에 내리쬐는 햇살
그 위에 피어난 농부의 땀방울
모내기 소리, 풀벌레의 노래
삶이 익어가는 충청도의 날들.
산자락에 스며든 새벽 안개는
고향의 숨결을 품어 안고
담벼락 너머 들려오는 아낙네의 목소리는
어머니의 품처럼 포근하다.
어디를 가도 그리운 고장
내 발길 닿는 곳마다 추억이 깃들고
충청도의 흙내음은
내 마음 깊숙이 고향을 새긴다.
느리지만 단단한, 조용하지만 뜨거운,
그곳은 언제나 내 삶의 뿌리
충청도, 내 고향.

## 겨울의 연가

눈꽃이 하늘에서 흩날릴 때
고요한 숲길을 걷는 이의 발자국이
흰 대지 위에 차가운 바람은 뺨을 스치고
그 속에 담긴 향기는 따뜻하다.

그 안엔 지난 계절들의 속삭임
잎을 떨군 나무들은 침묵 속에서
언젠가 다시 올 봄을 기다리며
흰 옷을 두른 채 서 있다.

겨울은 끝이 아니라 시작이다.
차가운 품 안에서 생명이 움튼다.
얼어붙은 강물 아래 흐르는 물처럼
마음에도 작은 불씨가 살아 숨 쉰다.

잃어버린 것들에 대한 그리움과
새롭게 찾아올 것들에 대한 희망의 노래
눈 속에 묻힌 발자국처럼
그 노래는 오래도록 사라지지 않는다.

## 고향의 그리움

산길 따라 흩날리던
솔내음이 문득 스쳐오고
바람에 실린 고향의 숨결이
가슴 깊이 스며드는 저녁
흙내음 짙은 들판 위로
노을은 붉게 물들며 저물어가고,

소박한 지붕 아래
어머니의 웃음소리가 들리는 듯.
작은 개울물은 여전히 맑을까?
아이처럼 뛰놀던 그 다리는
세월에 지쳐 낡은 추억으로 남았을까?
멀리 있어도 잊지 못할 그리움이다.

그곳의 하늘,
별빛 가득한 밤이
내 꿈을 비추는 등불이 되어
그리운 고향이여,
언젠가 돌아갈 날을 꿈꾸며
오늘도 당신을 그리워하노라.

## 겨울꽃

얼어붙은 대지 위
바람은 날카로운 칼날이 되어도
그곳에 피어나고
작은 겨울꽃, 햇살은 인색하고
하늘조차도 잿빛으로 닫혔건만
그대는 묵묵히 숨을 쉰다.

어떤 기다림이 그리도 깊어
눈 속에서도 피어나나
어떤 희망이 그리도 단단해
이 추위를 이겨내나
나의 마음에도 겨울이 찾아올 때
그대가 떠오르리라.

흔들리지 않는 뿌리로
꺾이지 않는 빛깔로
어둠 속에서 피어나는 용기로
겨울은 긴 침묵이라 했지만,
그 침묵 속에서 가장 고운 목소리로
그대는 속삭인다.

"추위 끝엔 봄이 온다."

## 겨울에 사랑할래요

흰 눈이 내려오면, 내 마음 설레요
차가운 바람 속에, 당신이 떠올라요
손을 꼭 잡고 싶어, 따스함을 나누고파
겨울밤 별빛 아래, 우리 둘이 걸어요

겨울에 사랑할래요,
차가운 계절에 피는 사랑
눈꽃처럼 피어난 내 마음
그대와 함께라면 추위도 좋아요
겨울에 사랑할래요

난로 앞에 앉아, 두 손을 마주 잡고
은은한 불빛 아래, 속삭여 봐요
하얀 눈송이처럼 순수한 우리 사랑
겨울 지나 봄이 와도 변치 않아요

그대와 걸어가는 이 겨울길 위에
사랑이 녹지 않게 꼭 안아줄게요
겨울에 사랑할래요

## 늦가을의 향기

서늘한 바람이 스치는 들녘
낙엽 진 길 위에 가을의 한 자락
가볍게 깨어난 햇살이 머물다 가고
빈 가지마다 스며든 노을이 붉게 익는다.

한때 푸르던 잎새는 황금빛 꿈이 되어
나직이 속삭이듯 바람에 스며들고
산들거리는 흙내음 아련한 풀 향기
지나가는 계절의 흔적을 품고 있구나.

지난날이 스러진 향기 속에 남아
바람 따라 맴돌다 사라지는 이 순간
가을은 조용히 무언가를 남기며
곧 다가올 겨울을 기다리듯 숨을 고른다.

저문 들판엔 낡은 기억이 쌓이고
아직 떠나지 못한 가을 향기만이 남아
우리 마음 속 따스한 자리 하나 채우네.

## 가을밤의 속삭임

어둠이 내려앉은 가을밤
차가운 바람이 귀를 스치면
별빛은 조용히 손짓하며
속삭인다, 잠시 쉬어가라고.

낙엽은 부드럽게 발밑을 감싸고
나무들은 고요히 숨죽이며
작은 달빛 아래, 길을 비춘다.

나는 그 길을 따라 걸으며
가슴 속 깊이 간직한 생각들을
하나씩 꺼내어 바람에 맡기네.

마음의 무게는 가벼워지고
가을밤의 속삭임 속에서
잠시나마 자유로워지니.

이 순간은, 영원할 것만 같아.

## 가을아, 천천히 가려무나


가을아, 더디더디 가려무나
내게 남겨진 너의 온기, 그 색을
오래도록 간직하고 싶구나.

나뭇잎마다 스며든 황금빛이
햇살 아래 반짝이고
바람이 불면 흩어지는 낙엽이
마치 우리의 기억처럼 떨어져 내려
발걸음을 멈추게 하더구나.

그리운 것들은 어쩌면
이 계절을 타고 찾아오는지도 몰라
바스락거리는 소리에 눈을 감으면
지난 추억이 함께 흔들리기도 하지.

가을아, 어서 가버리면
이 그리움은 또 겨울 아래 얼어붙을 테니
바람 한 점마저 머무는 듯이
부디, 천천히 나의 곁을 지나가 주려무나.

붉고 노랗게 물든 세상 한 모퉁이에서
너의 마지막 흔적까지 담고 싶어
이 마음속에도 잔잔히 내려앉는
가을의 온도를 오래도록 느끼고 싶구나.

## 아버지의 어깨

세월은 나무처럼
아버지의 어깨에 자라났다.
굽은 등, 굽은 허리
고단함이 쌓인 자리에
긴 하루들이 녹아 내린다.

어린 날 내리던 햇살도
아버지 어깨 너머로 비추었고
때론 비바람도
그곳에서 막아졌던 것 같다.

무거운 짐을 홀로 지고
말없이 걸어가던 그 발걸음
어깨 위엔 가족의 무게가
보이지 않게 얹혀 있었지.

지금 와서야 알 것 같다.
그 고된 여정 끝에
작은 숨구멍 하나 없는
그 어깨가 얼마나 넓었는지.

아버지의 어깨는 강이었다.
우리를 품고
어느새 흐르는 강물처럼
우리를 먼 곳으로 데려다 주었다.

## 늦가을의 기억

나뭇잎 끝에 매달린 빛
마지막 숨결처럼 떨리고
바람은 차가워지고 해는 짧아져
머무를 틈 없이 저문다.

붉게 물든 나무들 사이로
바스락거리는 발소리
낡은 시간들이 떨어지고
땅 위에 고요히 쌓인다.

이제 떠날 준비를 해야 할 때라며,
내게도 오래 남지 않은 빛을
조용히 속삭여 준다.

## 가을의 소리

바람이 나뭇잎을 흔들면
속삭임처럼 들려오는 소리,
노랗고 붉은 빛깔들이
살며시 땅 위로 내려앉는 소리.

낙엽이 발끝을 스칠 때
조용히 울리는 가벼운 숨결,
멀리서 들려오는 새들의 마지막 노래가
짙은 하늘에 번져가는 소리.

햇살은 점점 낮아지고
그림자는 길어져만 가는데,
바람 끝에 실린 서늘한 향기가
시간의 흐름을 말해주는 듯.

그리움이 묻어나는 계절,
가을의 소리는 마음속 깊이
잔잔히 울려퍼진다.

## 낙엽의 춤

우수수 떨어지는 낙엽을 보며
인생의 희로애락이 스쳐 가고
봄날 새싹 돋듯, 기쁨이 피어나고
여름의 푸름 속에 웃음이 번졌으나
가을이 오니 이별의 바람 불어
슬픔이 깃들고 외로움이 내려앉는다.

바람에 흩어지는 잎사귀처럼
우리의 날들도 흘러가지만,
차가운 겨울 끝에 다시 봄이 오듯,
또 다른 희망이 피어나리라.
이 삶도 순환 속의 한 조각일 뿐,
낙엽을 밟으며 다가올 날을 기다린다.

## 가을의 노래

초가을이 오면
나무는 조용히 노래한다.
금빛으로 물드는 잎사귀 하나하나가
바람 속에 춤을 추며 속삭인다,

하늘은 맑고 높아지고
땅은 갈색으로 따뜻하게 숨 쉰다.
그 속에서 우리는 잠시 멈추어
사라지는 것들의 아름다움을 배운다.

떨어지는 낙엽 속에도 생명이 깃들어
언젠가 다시 피어날 꿈을 꾸듯,
우리의 마음도 가을을 지나며
새로운 시작을 기다린다.

이 계절의 끝에서
가을은 고요히 노래한다.
모든 것은 흘러가도
그 안에 남은 따스함은 오래 머문다.

## 아직 끝나지 않은 사랑

떠나간 그대의 뒷모습에
잠 못 이루며 귓가에 눈물이 흐르고
차가운 바람이 불어올 때면
내 가슴속엔 그대뿐인 걸

아직도 그대를 사랑한다고
눈물 속에 외쳐 보지만
그대는 이제 들을 수 없겠지
점점 멀어져 가는 발자국 소리

돌아와 주오, 내게로 다시
난 아직 그대를 기다리고 있어
끝나지 않은 아름다운 사랑을
그대에게 전하고 싶어

지나간 시간 속 그 추억들
내 마음속에 예쁜 꽃길로 남아
그대와 함께한 모든 순간들이
여전히 나를 울리네

그대를 잊으려 애를 써봐도
잊혀지지 않는 그대 모습
아무리 시간이 흘러가도
난 아직도 그대만을 사랑해

## 그리운 사람아

처음 만난 그날의 눈빛
서로의 마음을 열던 순간
세상 모든 것이 아름다워 보였지
너와 나 함께라면 두렵지 않았어

사랑은 꿈처럼 다가와
행복을 속삭여주네
우리의 시간은 멈출 수 없었지
하지만 이별도 운명인 걸까

그리운 사람아 눈물 속에
넌 어디에 있는지 몰라
영원의 약속을 지키지 못해도
내 마음속에 넌 살아 있어

따스한 햇살 아래 손을 잡고
함께 걸었던 그 길을 기억해
웃음 가득한 추억 속에
우리의 사랑은 영원할 거야

시간은 흘러도 잊을 수 없어
너와 함께한 그 모든 순간
내 마음 깊이 새겨진 너의 모습
보고 싶어 그리워 눈물이 흘러

그리운 사람아 눈물 속에
넌 어디에 있는지 몰라
영원의 약속을 지키지 못해도
내 마음속에 넌 살아 있어

## 그리운 여인

언제부터였을까 그대가 떠난 후에
내 맘은 텅 빈 채로 그대를 기다렸네
바람에 실려온 그대의 향기
이 밤도 나를 울게 하네

그리운 여인아, 어디에 있나
내 맘속에 그대는 여전히 살아
지나간 시간 속에 머물러 있지만
난 아직도 그댈 사랑하네

창가에 비 내리면 눈물이 흐르듯이
그대의 기억들이 내 맘에 스며드네
수많은 추억에 젖어든 가슴
그대를 잊지 못한 채로

그리운 여인아, 어디에 있나
내 맘속에 그대는 여전히 살아
지나간 시간 속에 머물러 있지만
난 아직도 그댈 사랑하네

떠나간 여인아, 돌아와주오
내 사랑은 그대로인데
시간이 흘러도 변치 않는 맘
그대만을 기다리네

## 가을이 오면

바람이 부는 길목에서
붉은 잎사귀가 춤을 춘다
마른 가지를 흔들며
바람 속에 흩날리는 이야기

저물어가는 햇살 속
노을은 깊어가고
황금빛 들녘은
고요한 기다림에 잠긴다.

가을이 오면
서늘한 밤하늘 아래
작은 별들도 말없이
깊은 한숨을 내쉬고

고독이란 이름의 선물로
우리의 마음속에 찾아오는
가을이 오면
누구나 시인이 되리라.

## 그리운 임아

밤하늘 가득 채운 별빛 아래
그리운 님의 얼굴 떠오르네
가슴속 깊이 새긴 님의 미소
꿈결처럼 나를 감싸 안아주네.

바람은 그대의 숨결을 담아
내 귀에 속삭이며 지나가고
잊으려 했던 마음의 그리움
다시금 불씨 되어 타오르네.

그대와 함께 걷던 그 길 위에
남겨진 발자국을 따라 걷고
눈부신 햇살 아래 그리움은
아련한 기억 속에 머물러 있네.

언젠가 다시 만날 그날까지
내 마음 님을 향해 피어나고
그대의 사랑, 나의 가슴속에
영원히 빛나는 별이 될 거라네

## 가을의 풍경

나뭇잎이 춤추는 가을바람에
황금빛 들녘은 은은한 미소를 지어
땅 위에 떨어진 잎사귀는
지난날의 추억을 속삭이며
다시 만날 봄을 기다린다.

사람들은 고즈넉한 산길을 따라
따스한 햇살 속을 걸으며
사랑과 우정을 나누고
풍성한 결실의 기쁨을 느끼며
가을의 아름다움을 마음에 담는다.

## 지나간 시간들은

길고도 짧았던 날들 속에서
비바람이 몰아쳐도
굳세게 서 있던 나무처럼
푸르른 꿈을 잃지 않았다

삶의 굴곡 속에
눈물도 흘렸고 웃음도 지었지만
매일의 작은 기쁨을 모아
행복이라는 이름의 집을 지었다

지나간 시간들은
나의 발자국 위에 쌓여
오늘의 나를 이루고
내일의 길을 비춘다

어두운 밤에도
별을 찾아 걸었고
빛나는 아침을 맞이하며
새로운 희망을 노래했다

나는 잘 살아왔다
쓰러질 듯한 순간에도 일어나

또 다른 꿈을 꾸며
내 삶을 온전히 사랑했다

나의 이야기, 나의 생은
시간의 흐름 속에서
따스한 기억으로 남아
영원히 빛날 것이다

## 시골 장터

장터에 가면 옛 향수가 난다
어머니 같은 고향 냄새나는 곳
한낮의 태양 아래 빛나는
다채로운 삶의 장

여기저기 펼쳐진 천막들 사이로
삶의 이야기가 오고 가는 곳
쌀자루에 담긴 고향의 추억
지게에 실린 인생의 무게

어머니의 손길 닮은 장터의 상인들
모두가 어울려 한 폭의 그림처럼
수수한 미소와 정겨운 말투
지나온 세월이 스며드는 공간

각양각색 물건들이 줄지어 서서
삶의 향기 품고 손짓하네
기름진 들판의 곡식부터
손때 묻은 공예품까지

한가로이 걷다 보면 느껴지는
고향의 따스한 숨결
장터에서 찾은 작은 행복
그리운 시간 속으로 스며든다

## 내 마음의 온도

처음엔 겨울 같았지
말 한마디에 눈이 내리고
조금의 침묵에도
서리가 내리곤 했어

너를 만나고
서서히 따뜻해졌어
창문을 열면 햇살이 들어오듯
너는 그렇게 스며들었지

그대 웃음에 봄이 오고
손끝 닿을 때 여름이 왔어
나는 그저 너의 계절을 따라
온도를 바꾸는 사람

하지만 요즘 내 마음엔
낮과 밤의 기온차가 커
낮에는 웃지만
밤엔 다시 서늘해져

혹시 너도 느낄까
내 마음의 온도가
다시 겨울을 닮아간다는 걸

## 새벽의 문장

고통은 어둠의 막을 찢고
빛을 들이기 위한 문이었다.
숨 가쁜 울음 속에서
세상은 처음의 노래를 배우고
붉은 떨림 속에서
새 날의 문장이 열렸다.

산고는 단지 상처가 아니라
희망을 품은 번역, 생과 죽음 사이
한 걸음 내딛는 선언이었고
그리하여 언어는 태어나고
처음의 울음은 축복이 되고
작은 손길은 미래의 문장을 쓴다.

오늘, 새벽의 문장은 말한다.
첫 닭 울음소리의 첫 걸음은
모든 고통의 탄생을 향한 약속이었다.

### 달구지의 귀항(歸航)

쇠바퀴는 종신형의 나침반
말의 등뼈에 얹힌 시간의 서판은
모래바람을 씹으며 북쪽 별을 맴돈다

진흙 속에서 웅크린 기억의 톱니들
부러진 굴레는 아버지의 숨결을 잊었고
짐짝마다 잠든 이름 없는 역사들

차축 위의 별빛은 굴절된 신의 문장
해묵은 볏짚 사이로
뿌리 내린 말은 결국 나를 끌고 갔다

방울 소리는 폐허의 심장소리
늦여름의 황혼은 멍든 언어를 수확하고
달구지는 무거운 무無를 끌며
절뚝이는 구문(句文)의 궤도를 따라간다

나는 그 위에 실린
부재(不在)의 원문이었다

## 미완의 자화상

거울 속에 비친 얼굴
세월의 주름이 길을 내고
한때는 불꽃 같던 눈빛이
이제는 고요히 빛을 감춘다.

돌아보면 그 자리에 서 있다,
내가 흘려놓은 발자국들.
시간은 흙으로 덮었지만
그리움은 여전히 푸른 싹을 틔운다.

낡은 기억의 창고 속에서
이름 모를 노래가 흘러나오고
잊은 줄 알았던 웃음과 눈물이
내 안에 다시 살아난다.

삶은 미완의 자화상,
빈 곳마다 그리움이 물들고
과거는 여전히 내 곁에 앉아
조용히 나를 바라본다.

## 해묵은 바다의 그릇


무릇 바다는
모래의 칼날도 삼키고
폐선의 뼈마저 눕혀
소금으로 덮어 주는 법.
서늘한 달빛 아래
그는 말없이 파도를 끌어안는다

파열된 고함, 귓속을 찌른 박수,
칼날 같은 찬사와
붉게 녹슨 침묵마저
그릇이란 찢기지도
부서지지도 않아야 하며
때론 괴성을 술처럼 따르고
때론 침묵을 국처럼 데운다.

무릇 리더란,
폭풍의 입을 빌려 노래를 만들고
눈물의 바닥에 거울을 담아
모두의 얼굴을 비추는 그릇이어야 하니

그는 비로소
씻기지 않는 얼룩을 품은 채
지도 아닌 길을 걷는
묵은 바다가 되었다.

## 분홍 상사화

그대의 이름은
물기 잃은 바람이
한 번도 마주 잡지 못한 손끝의 색,

꽃은 피는데
잎은 기척조차 남기지 않고
서로를 모른 척하는 두 물결처럼
계절의 경계에 엎드려 있었다.

나는 그 사이에서
당신의 부재를 닮아버린 그림자였고
해질녘마다 꽃잎 속으로 스며든 저녁놀은
내게만 들리는 울음의 결을 남겼다.

혹시나,
이 땅 위 모든 만남이
시간이 아니라 그리움으로 자라는 것
이미 피기도 전에 시든 연인일지 모른다.

그래도 당신은
바람에 스치면 부서지는 빛이었고
나는 그 빛을 삼키기 위해
평생, 피지 못한 잎의 어둠을 지녔다.

## 마음의 꽃


피지 못한 꽃은
아픈 상처이고

피어난 꽃은
아름다운 삶이다

너와 나,
함께 가꾸는 꽃은
더없이 빛난다

제목: 바람은 문득 안부를 묻는다
----------------------------

초판 1쇄 인쇄 2025년 11월 10일
초판 1쇄 발행 2025년 11월 17일

지은이: 서인석
펴낸이: 서인석
편집 및 디자인: 서인석· 서윤희
펴낸곳: 도서출판 열린동해문학
<등록 제 573-2017-000013호>
주소; 충북 청주시 서원구 모충로 93 1층 101호
HP:  010-7476-3801
팩스: 043-223-3801
----------------------------

ISBN 979-11-991018-8-3 (03800)

  이 책의 판권은 저자와 출판사의 동의 없이 무단 및 복제를 금합니다. 파손된 책은 구입처에서 교환하여 드립니다. 이 도서의 국립중앙도서관 및 서지정보유통지원 시스템 홈페이지(http://seoji.nl.go.kr)와 국가자료공동목록시스템 (http:nl.go.kr/kolisnet)에서 이용하실 수 있습니다.